D1720004

Michael Glüer

Geschenkfreude im Kleinkindalter

Eine empirische Studie
zur emotionalen Sozialisation
von Kleinkindern
in einer Geschenksituation

Diplomica® Verlag GmbH

Glüer, Michael: Geschenkfreude im Kleinkindalter: Eine empirische Studie zur emotionalen Sozialisation von Kleinkindern in einer Geschenksituation.
Hamburg, Diplomica Verlag GmbH 2013

ISBN: 978-3-8428-8566-0
Druck: Diplomica® Verlag GmbH, Hamburg, 2013

Umschlagmotiv: © Pressmaster, 2013/Shutterstock.com

Bibliografische Information der Deutschen Nationalbibliothek:
Die Deutsche Nationalbibliothek verzeichnet diese Publikation in der Deutschen
Nationalbibliografie; detaillierte bibliografische Daten sind im Internet über
http://dnb.d-nb.de abrufbar.

Die digitale Ausgabe (eBook-Ausgabe) dieses Titels trägt die ISBN 978-3-8428-3566-5
und kann über den Handel oder den Verlag bezogen werden.

© Diplomica Verlag GmbH
http://www.diplomica-verlag.de, Hamburg 2013
Printed in Germany

Vorwort

Geschenksituationen sind eine der bedeutendsten Situationen an die man sich in seiner eigenen Kindheit erinnert. Vielleicht können Sie sich noch selbst an das eine oder andere Geschenk in Ihrer Kindheit erinnern, das Ihnen viel Freude bereitet oder auch Enttäuschung hervorgerufen hat. Wie Kinder auf Geschenke reagieren, seien es erwünschte oder unerwünschte Geschenke, wird von der Kultur in der wir leben mit Regeln vorgegeben. Über ein Geschenk freut man sich aus Dankbarkeit des Schenkenden gegenüber auch dann, wenn einem das Geschenk nicht besonders gefällt. Wie wir unsere Freude über ein Geschenk ausdrücken, ist aber nicht von Geburt an festgelegt. Viel mehr lernen wir von unseren Eltern, wie wir auf diese reagieren. Manche Kinder reagieren mit großer Freude und Überraschung und andere dagegen verhalten. Bisher gibt es eine überschaubare Anzahl von Forschungsergebnissen dazu, wie Kinder durch ihre Eltern sozialisiert werden Geschenkfreude zu zeigen. Die folgende Arbeit beschäftigt sich mit diesem Phänomen, indem sie untersucht, wie Mütter die Geschenksituation gestalten und Kinder erlernen, in Abhängigkeit ihrer Mütter Emotionen gegenüber den Schenkenden zu zeigen. Diese Arbeit ist 2006 im Rahmen des Forschungsprojekts „Anpassungsleistung von Kleinkindern an neue *settings* im ersten Lebensjahr" gefördert durch die Deutsche Forschungsgemeinschaft (Rauh, Rottmann und Ziegenhain, 1992) am Arbeitsbereich Entwicklungspsychologie der Universität Potsdam unter der Leitung von Prof. Dr. Hellgard Rauh (em.) entstanden.

Trotz dieses langen Zeitraums seit Anfertigung der Arbeit hat sich die Forschungsliteratur zu diesem Thema kaum erweitert. Dies soll Grund genug sein, diese Arbeit auch der Öffentlichkeit zugänglich zu machen. Eine solche Forschungsarbeit hat natürlich auch mit gewissen Einschränkungen zu kämpfen. Diese ist mir als Autor dieser Arbeit, 6 Jahre nach der Anfertigung, durchaus bewusst. Beispielsweise verfügt die Untersuchung nur über eine kleine Stichprobe von 26 Kindern. Für eine Forschungsarbeit, die sich mit der Auswertung von Videodaten beschäftigt, bedeutet dies aber bereits einen enormen Aufwand. Weiterhin wurden die entwickelten Einschätzskalen zur Erfassung der emotionalen Reaktionen nicht durch eine zweite unabhängige Person auf eine Beobachterübereinstimmung überprüft. Hier fand nur eine stichprobenmäßige Übereinstimmungsuntersuchung statt. D. h., inwieweit die Skalen reliabel sind, kann nicht mit Sicherheit gesagt werden. Daher müssen auch die erzielten Werte und Daten mit Vorsicht interpretiert werden. Nichtsdestotrotz liefert die Arbeit einen ersten Einblick darin, wie Kinder lernen in Geschenksituationen Emotionen zu zeigen und welche Rollen ihnen und ihrer Bezugsperson zukommt.

Mit der Auswertung der Videodaten stehe ich als Autor als letztes Glied in einer Kette von vielen Beteiligten, die dieses Projekt entwickelt und durchgeführt haben. Diesen Personen gilt mein ganzer Dank. Dazu zählen u. a. Frau Prof. Dr. Hellgard Rauh, die das Forschungsprojekt „Anpassungsleistung von Kleinkindern an neue *settings* im ersten Lebensjahr" geleitet hat. Herr Dipl.-Psych. Thomas Thiel, der Videodaten hergestellt und aufgearbeitet hat. Frau PD. Dr. phil. Ute Ziegenhain, die die Geschenksituation ursprünglich initiierte und entwickelte. Mein Dank gilt auch Dr. Bernd Schellhas für die methodischen Anregungen sowie Dipl.-Psych. Birgit Klöhn für die Unterstützung im Datenauswertungsprozess. Für die Übernahme der Gutachtertätigkeit gilt mein Dank Prof. Dr. Bettina Hannover. Im Besonderen danke ich Frau M. Sc. Psych. Georgia Baltatzi für die vielseitige Unterstützung bei der Anfertigung dieser Arbeit.

Die in dieser Arbeit verwendeten Skalen und Beobachtungskategorien zur Erfassung von emotionalen Reaktionen wurden vom Autor (Dr. Michael Glüer) entwickelt. Die Skala „Verbalisierung von Emotionen" basiert auf der Skala „Verbalisierung von Gefühlen" der „Skalen zur Bewertung des emotionalen und kommunikativen Ausdrucks der Bezugsperson in Interaktion mit dem Kind (MUSKA)" (Ziegenhain, U., Kloper, U., Dreisöner, R. und Rauh, H., 1992). Diese wurde erweitert und für die Geschenksituation angepasst.

Dr. Michael Glüer, Bielefeld im Winter 2012

Inhaltsverzeichnis

Tabellenverzeichnis

Abbildungsverzeichnis

1 Einleitung

Maria, 21.7 Monate alt, entfernt das Geschenkpapier der rechteckigen Schachtel mit voller Aufmerksamkeit und Interesse. Nun endlich hat sie die ausgepackte Schachtel mit einem darauf abgebildeten Glockenspiel vor sich. Doch so etwas scheint sie bisher noch nicht gesehen zu haben oder sie scheint nicht zu wissen, wie sie darauf reagieren soll. Marias Mutter, die die Situation sorgfältig beobachtet, greift die Situation umgehend und intuitiv auf. Sie schaut Maria mit einem fröhlichen Gesichtsausdruck an und sagt: „Hmmm, was hast du den da Schönes, hmmm." Maria hält die Schachtel auf Augenhöhe, erwidert „Hmmm" und lächelt.

Das Beispiel der kleinen Maria und ihrer Mutter illustriert einen Aspekt der emotionalen Entwicklung, wie sie in der vorliegenden Studie untersucht wurde: die Sozialisation von Emotionen in der Kindheit. Die Entwicklung der Emotionen sowohl aus entwicklungsbiologischer Perspektive als auch aus der Perspektive der Sozialisationsforschung zu sehen, zeichnet sich erst seit Neuem ab. Die Dominanz des kognitiven biologischen Ansatzes, der im Wesentlichen auf den Forschungsaktivitäten von Charles Darwin (1872) und später Paul Ekman (1988) beruht, führte dazu, dass die Frühentwicklung der Emotionen vor allem aus einer kognitiv biologischen determinierten Perspektive untersucht worden ist. Carroll Izard (1987) entwickelte aufgrund der eigenen Forschungen und den Forschungsergebnissen von Paul Ekman eine Theorie der emotionalen Entwicklung (differenzielle Emotionstheorie), die das evolutionsbiologische Erbe der Menschheit betonte. Der Bedeutung des kulturellen Kontexts und somit der Sozialisationsforschung wurde nur wenig Aufmerksamkeit geschenkt und nur am Rande behandelt. Ekman und Friesens (1975) Erwähnung von sogenannten „Darbietungsregeln", die im Laufe des Lebens gelernt werden, führten wieder zu einem stärkeren Interesse von sozialisatorischen Bedingungen in der emotionalen Entwicklung. Eine systematische Untersuchung fand bisher nur für Kinder im Grundschulalter und Schulalter statt. (Jones et al., 1998). Unter Berücksichtigung des kulturpsychologischen Ansatzes in Anlehnung an Vygotsky begannen Holodynski (2005) und Ratner (1999), die emotionale Entwicklung von Kindern auch aus einer kontextualistischen Perspektive zu betrachten und zu erklären. Emotionen sind danach immer auch sozial vermittelt und das Produkt des kulturellen Kontextes und folgen dem allgemeinen genetischen Gesetz der kulturellen Entwicklung (*general genetic law of cultural development*).

Diese Vorgehensweisen innerhalb der Forschung zur Entwicklung und Entstehung von Emotionen führen zu einer neuen Betrachtungsmöglichkeit der emotionalen Entwicklung von Kindern.

In der vorliegenden Untersuchung wird versucht, die emotionale Sozialisation von Kleinkindern in einer Geschenksituation zu untersuchen. Eine Geschenksituation, wie sie die kleine Maria im oben genannten Beispiel erlebt hat, kann als eine prototypische Situation in der Sozialisation von Emotionen bezeichnet werden, wie sie in der Regel jedes Kind im Laufe seiner Entwicklung mehrfach erfährt. Eine Geschenksituation ist ein hoch emotionales Ereignis, das zudem bestimmten kulturellen Konventionen unterliegt. Es eignet sich daher besonders gut, um den emotionalen Austausch zwischen Mutter und Kind zu untersuchen. Bisher wurde vor allem das negative Ende des emotionalen Spektrums untersucht, sowohl für die Emotionen selbst als auch für die emotionsauslösenden Situationen (Lewis & Michalson, 1982). Als Beispiel kann die Bindungsforschung genannt werden, die die emotionalen Reaktionen (Bindungssignale) des Kindes in einer Stresssituation untersucht (Fremde-Situations-Test). Situationen, die positive Emotionen beim Kind auslösen wie etwa eine Geschenksituation, wurden hingegen vernachlässigt.

Nachfolgend wird versucht einen theoretischen Rahmen zu spannen, in den sich die emotionalen Reaktionen von Mutter und Kind in einer Geschenksituation einbetten lassen. Es soll untersucht werden, wie Mütter die Geschenksituation für die Kinder gestalten, um einen emotionalen Erfahrungsraum für die Kinder zu schaffen. Zunächst soll die emotionale Entwicklung aus der Sicht des evolutionsbiologischen Ansatzes betrachtet werden. Es soll aufgezeigt werden, was Kinder über das Ausdrücken und Erleben von Emotionen in ihrer Entwicklung lernen. In diesem Zusammenhang wird das Konzept der *Darbietungsregeln* dargestellt, die Kinder im Grundschulalter erwerben.

Anschließend soll der evolutionsbiologisch-kognitive Ansatz durch einen kontextualistischen Ansatz ergänzt werden. Im Vordergrund steht dabei das *Kleinkindalter*. Es wird gezeigt, wie sich bereits im Alter von 22 Monaten in einer Geschenksituation Darbietungsregeln durch den Einfluss der Mütter bei den Kindern entwickeln können. Insbesondere werden dabei die *Bedeutung des Kontextes* (der Mutter) und die *Prozesse,* die bei der Entwicklung von Darbietungsregeln im Kleinkindalter eine Rolle spielen, behandelt. Anschließend wird aufgezeigt, mit welchen Sozialisationsstrategien die Mütter die Emotionen des Kindes und die Geschenksituation gestalten. Insgesamt werden fünf Konzepte (*emotionaler Ausdruck, emotionales Klima, Sprache, Sensitivität und emotional-kognitive*

Skripte) dargestellt und diskutiert. Abschließend werden mögliche *Interaktionsprozesse*, die eine Rolle in der Sozialisation von Emotionen spielen könnten, erläutert.

1.1 Emotionen, deren Entwicklung und Sozialisation

1.1.1 Emotionen, deren Entwicklung und Sozialisation aus evolutionsbiologischer und kognitiver Perspektive

Die Grundemotionen sind aus evolutionsbiologischer Perspektive biologisch determiniert und folgen einem genetischen Reifungsplan, der sich im Laufe der Evolution herausgebildet hat. Izard (1987) beschreibt Emotionen als ein Dreikomponentensystem, das sich aus dem mimischen Ausdrucksmuster, den zugrunde liegenden neuronalen Prozessen und dem subjektiven Gefühl zusammensetzt. Wenn auch nicht unbedingt von Geburt an, wird zwischen den Komponenten doch eine genetisch angelegte Verbindung vermutet. Dies ermöglicht es bereits dem Säugling, innere Gefühlszustände über den emotionalen Gesichtsausdruck an die Bezugsperson mitzuteilen (Izard, 1987). Eine bestimmte Anzahl universeller *Basisemotionen* hat sich im Laufe der Phylogenese herausgebildet. Diese Basisemotionen, oder auch fundamentale Emotionen (Freude, Überraschung, Angst, Traurigkeit, Ärger, Ekel gepaart mit Verachtung), treten in allen Kulturen auf und reifen in den ersten Lebensjahren heran (Ekman, 1988). Andere Emotionen wie Scham, Stolz oder Neid werden als Mischformen verstanden, die sich aus den fundamentalen Emotionen entwickeln (Holodynski, 2005). Emotionen sind primär kognitionsunabhängig und entwickeln sich im Laufe der Zeit zu affekt-kognitiven Strukturen. Als eine der ersten affekt-kognitiven Strukturen beschreibt Izard (1994) die frühe Bindung zwischen Mutter und Kind. Die Emotion Freude wird in den ersten Wochen mit dem Bild des mütterlichen Gesichtes verknüpft. Diese erste mentale Repräsentation der Bindungsperson wird durch Lernen und Erfahrung über die Zeit modifiziert und verfestigt. Die Verbindung von Emotionen mit Symbolen, Bildern oder im Allgemeinen mit kognitiven Strukturen kann als eine der wenigen Entwicklungslinien im evolutionsbiologischen Ansatz bezeichnet werden, die für die emotionale Entwicklung aus Sicht der Sozialisationsforschung von Bedeutung sind. Dabei entwickeln sich aber nicht etwa die Emotionen selbst, sondern die Verbindungen zu spezifischen Symbolen oder Bildern (Izard, 1987).

„Emotional development consist primarily of the development of links among emotions and cognition and the establishing of coherent and cohesive patterns of emotion, cognition, and action." (Izard, 1994, S. 361)

Neben den sich entwickelnden affekt-kognitiven Strukturen können vier weitere Entwicklungstrends beschrieben werden. *Erstens* verändert sich über die Zeit der mimische Ausdruck in seiner Auftretenshäufigkeit. Malatesta et al. (1986) und auch schon C. Bühler (1928) konnten zeigen, dass Säuglinge im ersten Lebensjahr mit zunehmendem Alter häufiger emotional positive Ausdruckmuster und immer weniger emotional negative Emotionsausdrücke zeigen. *Zweitens* entwickelt das Kind die Fähigkeit zunehmender Kontrolle und Modifizierbarkeit der Emotionen. Darunter wird die zunehmende Fähigkeit verstanden, die Emotionen an die Umweltreize differenziert anzupassen (Izard, 1987). Neben dem Lernen, wie man Gesichtsausdrücke modifiziert, gehört dazu auch die zunehmende Fähigkeit, auf neue ungelernte Auslöser mit passenden Emotionen zu reagieren (Izard, 1987). Emotionsauslöser können intern (Schmerz) oder extern (eine geliebte Person treffen) auftreten. Sie können sozial (Angst vor Trennung) oder nicht sozial (lautes Geräusch) sein. Es kann sich aber auch um einfache physiologische Zustände oder um komplexe kognitive Aktivitäten handeln. Die Verbindung neuer Auslöser mit spezifischen Emotionen scheint dabei vor allem ein Produkt der kognitiven Entwicklung zu sein (Lewis, 2000).

Drittens beinhaltet die zunehmende Modifizierbarkeit auch ein zunehmendes Lösen des Gesichtsausdrucks vom subjektiven Gefühl (Izard, 1987). Kinder lernen, vorhandene Gefühle mit bestimmten Gesichtsausdrücken zu verstecken oder sich an bestimmte soziale Regeln zu halten, wie etwa das Unterdrücken von lautem Lachen in einem Gottesdienst. Saarni, Mumme und Campos (1998) unterscheiden vier solcher Strategien, die dazu dienen, vorhandene Gefühle vom Emotionsausdruck zu lösen: Minimierung, Maximierung, Maskierung und Neutralisierung. *Maximierung* stellt eine der frühesten Strategien dar, bei der Emotionsausdrücke übertrieben werden. Bei der *Minimierung* werden mimische Reaktionen in ihrer Intensität geschwächt und bei der *Maskierung* durch andere Emotionsausdrücke ersetzt. *Neutralisierung* stellt eine der schwierigsten Strategien dar, bei der das erlebte Gefühl mit einem neutralen Gesichtsausdruck maskiert und neutralisiert wird.

Die Strategien folgen bestimmten individuellen und kulturspezifischen Regeln, die Ekman und Friesen (1975) *Darbietungsregeln* nennen. Diese bestimmen die Art und Weise wie Emotionen in einer bestimmten Situation ausgedrückt werden sollten. Kulturspezifische Darbietungsregeln werden durch die vorherrschenden Normen einer Kultur oder Gesellschaft bestimmt. Es sind soziale Konventionen, die von allen Mitgliedern einer Gesellschaft geteilt werden und eine prosoziale Funktion beinhalten (Gnepp & Hess, 1986). Individuelle Darbietungsregeln hingegen werden aus den eigenen individuellen Erfahrungen entwickelt und können den kulturspezifischen Regeln entsprechen oder ihnen auch entgegengerichtet sein (Ekman, 1988). Ihre Funktion liegt vor allem im Selbstschutz und dient dem persönlichen Vorteil (Gnepp & Hess, 1986).

Das Erlernen von Darbietungsregeln kann als der größte Sozialisationseinfluss innerhalb des evolutionsbiologisch-kognitiven Ansatzes gewertet werden und soll daher näher betrachtet werden. Der Schwerpunkt soll dabei auf den kulturspezifischen Darbietungsregeln liegen, da diese durch unmittelbare Bezugspersonen vermittelt bzw. vom Kind gelernt werden. Individuelle Darbietungsregeln entwickeln sich vor allem aus den eigenen Interessen und nicht allein aufgrund der Interessen einer Gemeinschaft oder Kultur. Als Beispiel kann das Maximieren eines traurigen Gesichtsausdruckes genannt werden, um noch mehr Aufmerksamkeit durch die Bezugsperson zu erlangen. Hierbei steht das eigene Ziel nach Aufmerksamkeit im Vordergrund und nicht einem der Gemeinschaft dienlichen Ziel.

Darbietungsregeln lassen sich hinsichtlich ihres zeitlichen Auftretens und hinsichtlich individueller Eigenschaften unterscheiden. Sie entwickeln sich graduell in der Kindheit, abhängig von der zunehmenden sozial-kognitiven Entwicklung und der verfeinerten Kontrolle über die mimischen Muskeln (Saarni, 1984). Sobald Kinder in der Lage sind, ihren emotionalen Ausdruck willentlich zu kontrollieren, sind sie prinzipiell auch in der Lage Darbietungsregeln zu folgen. Die ersten Formen kontrollierter mimischer Ausdrucksmuster treten während der Vorschulzeit auf (Denham, 1998). Zweijährige sind nach Lewis et al. (1993) noch nicht in der Lage, bestimmte Emotionen nach Aufforderung auszudrücken. Dreijährige waren hingegen schon in der Lage, Freude und Interesse zu simulieren. Vierbis Fünfjährige waren den Erwachsenen hingegen nur noch in der Simulation von Ärger und Überraschung unterlegen.

Das Verstehen und Anwenden von Darbietungsregeln scheint sich vor allem ab dem Grundschulalter zu vollziehen (Denham, 1998). Denham (1998) nennt dafür drei Gründe. *Erstens* erhalten Kleinkinder nur wenig Rückmeldung darüber, wie sie ihren verbalen und mimischen Ausdruck verändern sollen. *Zweitens* müssen sie erst noch lernen, Gesichtsmuskelbewegungen und spontane Vokalisation zu unterdrücken, und *drittens* haben Kleinkinder Schwierigkeiten selbst-evaluierende Kritik an sich zu üben. Aufschluss über die Entwicklung bietet aber auch die „*Theory of Mind*"-Forschung. Erst Kinder ab einem Alter von vier Jahren sind in der Lage zu verstehen, dass jemand eine andere Vorstellung von der Realität haben kann als sie selbst und dass diese Vorstellung falsch sein kann (Wimmer & Perner, 1983; Baron-Cohen et al., 1985; Perner et al. 1987). Das Wissen, dass jemand eine falsche Vorstellung von der Welt haben kann, ist die Grundvoraussetzung, um willentlich mimische Ausdrücke zu verändern, die auf die soziale Umwelt gerichtet werden. Ohne dieses Verständnis kann eine absichtliche Täuschung nicht durchgeführt werden. Das Verständnis der Beziehung zwischen falschen Überzeugungen und Emotionen entwickelt sich zudem um ein Jahr nach hinten zeitversetzt (Harris, 1989). Erst Kinder in einem Alter von fünf Jahren besitzen die Kompetenz zu wissen, dass jemand eine spezifische Emotion aufgrund einer falschen Überzeugung haben kann. Wie Saarni (1984) zeigen konnte, ist die Fähigkeit Darbietungsregeln zu folgen bei Kindern mit elf Jahren deutlich besser als bei Kindern mit sieben Jahren. Die älteren Kinder zeigten eher einen positiven Gesichtsausdruck, nachdem sie ein unerwünschtes Geschenk erhalten hatten, als jüngere Kinder. Underwood, Coie und Herbsman (1992) konnten zeigen, dass sich die Anwendung von Darbietungsregeln auch aufgrund von Persönlichkeitsfaktoren unterscheidet. Kinder, die als aggressiv eingeschätzt wurden, zeigten weniger häufig Darbietungsregeln bei Ärger als Kinder, die als eher nicht aggressiv eingeschätzt wurden. Zudem hängt das Zeigen von Darbietungsregeln auch von den vorhandenen Interaktionspartnern ab. Kinder kontrollieren ihre Emotionen mehr in Anwesenheit von Peers als bei ihren Müttern und Vätern (Zeman, & Garber, 1996). Individuelle Unterschiede zeigten sich in der Entwicklung von Darbietungsregeln auch beim Geschlecht. Zeman und Garber (1996) konnten nachweisen, dass Jungen im Grundschulalter häufiger den Ausdruck von Traurigkeit und Ärger unterdrücken als Mädchen. Mädchen erwarten andererseits mehr Verständnis und Akzeptanz gegenüber den eigenen Emotionen. Underwood, Coie und Herbsman (1992) hingegen konnten zeigen, dass Mädchen im Alter von acht, elf und 13 Jahren häufiger angaben, einen ärgerlichen Gesichtsausdruck zu maskieren, als Jungen. Saarni (1984) untersuchte die emotionale Regulationsfähigkeit von Kindern zwischen sieben und elf Jahren, indem die Kinder nach der Erfüllung einer Aufgabe ein nicht erwünschtes Geschenk erhielten. Ältere Kinder, insbesondere Mädchen, waren besonders erfolgreich im Zeigen eines positiven Gesichtsausdruckes trotz des enttäuschenden Geschenkes. Jüngere Kinder, insbesondere Jungen, waren weniger in der Lage, der Darbietungsregel entsprechend einen positiven Gesichtsausdruck zu zeigen, und reagierten häufiger mit negativen Verhaltensweisen. Die im Grundschulalter bereits existierenden Geschlechtsunterschiede im Ausdruck von Emotionen scheinen nach Chaplin, Cole und Zahn-Waxler (2005) das Produkt bewusster geschlechtsspezifischer Erziehungspraktiken der Eltern zu sein. Ähnlich argumentierten auch Eisenberg, Cumberland und Spinrad (1998), dass die Erziehungspraktiken der Eltern einen Einfluss auf die soziale und emotionale Kompetenz von Kindern haben, und dies im besonderen Maße bei negativer Emotionalität (häufig ausgedrückter negativer Emotionen) der Eltern. Dies konnte durch Jones, Abbey und Cumberland (1998) für das vorherrschende emotionale Familienklima bereits bestätigt werden. Ein negatives, submissives emotionales Familienklima stand in Verbindung mit einer geringeren Benutzung von kulturellen bzw. prosozialen Darbietungsregeln bei Kindern zwischen sechs und zwölf Jahren. Auf der anderen Seite führte ein negativ-dominantes Familienklima, in dem negative Emotionen stärker und rücksichtsloser ausgedrückt wurden, zur stärkeren Benutzung von individuellen, selbstschützenden Darbietungsregeln. Wie bei Chaplin, Cole und Zahn-Waxler (2005) fanden sich keine Zusammenhänge zwischen einem positiven emotionalen Familienklima und dem Generieren von prosozialen Darbietungsregeln.

Auch wenn sich die oben genannten Studien nur auf das Schulalter beziehen, muss angenommen werden, dass das Lernen und die Entwicklung bereits vor dem Schulalter beginnen (Malatesta et al., 1986; Malatesta & Haviland, 1982). Malatesta und Haviland (1982) konnten nachweisen, dass sich bereits während der ersten sechs Lebensmonate so etwas wie individuelle bzw. dyadische Ausdrucksstile etablieren. Mütter zeigten verstärkt positive Ausdrucksmuster und modellierten nur begrenzt negative Ausdrucksmuster.

Zusammenfassend wiesen die bisherigen Forschungsergebnisse darauf hin, dass sich das explizite Wissen von Kindern über Darbietungsregeln im Grundschulalter entwickelt. Die Benutzung und Entwicklung der Regeln unterscheidet sich aufgrund des unmittelbaren Kontextes, in dem Darbietungsregeln verlangt werden, und unterschieden sich je nach kindlichem Geschlecht. Die Geschlechtsunterschiede scheinen primär das Produkt der elterlichen Erziehungspraktiken zu sein, die durch ein negatives Familienklima zusätzlich verstärkt werden. Ein positives Familienklima scheint hingegen keinen Einfluss auf die Entwicklung von Darbietungsregeln zu haben.

Kinder, die im Grundschulalter Darbietungsregeln entwickelt haben und diese anwenden, tun dies nicht schlagartig, sondern ihr Verhalten ist das Produkt ihrer individuellen Interaktionsgeschichte mit ihren Bezugspersonen. Bereits Kinder im Kleinkindalter erfahren in der Interaktion mit ihren Bezugspersonen tagtäglich wie und wann bestimmte Emotionen gezeigt werden können. Von besonderer Bedeutung sind dabei Situationen, die gesellschaftlichen und kulturellen Konventionen unterliegen wie eine Geschenksituation. Die Art und Weise wie Emotionen erlebt werden, werden in solchen Situationen von den Müttern vorgelebt. Auch wenn angenommen werden kann, dass Kinder in diesem Alter noch keine individuellen Unterschiede in der Darstellung von Emotionen zeigen, sind sie mit der spezifischen Art, wie Mütter Emotionen ausdrücken, fortwährend konfrontiert. Der evolutionsbiologisch-kognitive Ansatz bietet aber keine Lösungen und Erklärungen, wie Darbietungsregeln im Kleinkindalter durch die Mütter beim Kind erweckt werden und welche spezifische Rolle die Mütter in der Entwicklung von Darbietungsregeln einnehmen. Der kontextualistische Ansatz von Holodynski (2005) könnte diese Lücken schließen.

1.1.2 Emotionen, deren Entwicklung und Sozialisation aus kontextualistischer Perspektive

Kontextualistische Theorien hatten bisher primär die Entwicklung von höheren kognitiven Funktionen als Gegenstand ihrer Untersuchungen (Vygotsky, 1978). Seit Neuestem sind auch Versuche unternommen worden, die Entwicklungsprinzipien des kontextualistischen Ansatzes, wie ihn Lev Vygotsky vertrat, auf die Entwicklung von Emotionen anzuwenden. Ein vielversprechendes Modell stammt von Holodynski (1999, 2005), der sich die Mechanismen der Entstehung höherer kognitiver Funktionen für die Untersuchung der Entstehung von Emotionen zunutze macht. Seine Vorstellung der emotionalen Entwicklung soll im Folgenden dargestellt und im Hinblick auf ihre sozialisationstheoretische Relevanz untersucht werden.

Emotionen sind nach Holodynski (1999, 2005) nicht primär als Produkt der phylogenetischen Entwicklung zu verstehen, sondern vor allem als das Produkt der kulturellen Evolution. Die Funktion von Emotionen ist es, die Handlungen des Menschen in motivdienlicher Weise zu regulieren. Ein Motiv ist dabei als ein erwünschter Zustand der Person zu verstehen. An der Regulation des Motivs sind vier Komponenten beteiligt, die das Fundament einer Emotion darstellen. Die *Einschätzungskomponente (Appraisal)* ist eine Bewertungsinstanz, die eine gegebene Situation im Hinblick auf die eigenen Motive überprüft und bewertet. Die Einschätzung eines internen oder externen Anlasses führt zu einer bestimmten *Ausdrucksreaktion* (zweite Komponente) und einer *Körperreaktion* (dritte Komponente), die schließlich über das Körperfeedback als *Gefühlszustand* erlebt wird (vierte Komponente). Dieser Bewertungsprozess führt neben der Entstehung der verschiedenen Gefühlskomponenten zu einer aktiven *Handlungsbereitschaft*, die nachfolgend eine *Bewältigungshandlung* in Gang setzt (vgl. Abb. 1). Bewältigungshandlungen können nicht nur durch uns selbst, sondern auch durch andere Personen stellvertretend ausgeführt werden. Emotionen können somit intrapersonal als auch interpersonal reguliert werden.

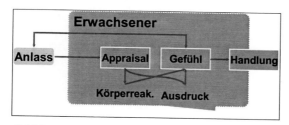

Abbildung 1: Emotionen aus kontextualistischer Perspektive (aus Holodynski, 2005b)

Der Säugling verfügt im Gegensatz zum Erwachsenen noch nicht über Emotionen, entsprechend der obigen Definition, sondern über *Vorläufer-Emotionen* (*prescursor emotions;* Bridges, 1932; Sroufe, 1996). Vorläufer-Emotionen werden nicht durch eine Bewertungsinstanz ausgelöst, sondern durch eine absolute physikalische Reizschwelle. Die Körper- und Ausdrucksreaktionen sind im Säuglingsalter zudem eher reflexhaft als intentional. Ähnlich dem evolutionsbiologischen Ansatz wird angenommen, dass diese Vorläuferemotionen (Disstress, Ekel, Erschrecken, Interesse und endogenes Wohlbefinden) universell und angeboren sind.

In Anlehnung an Vygotsky (1978) können Vorläufer-Emotionen auch als die niederen emotionalen Funktionen beschrieben werden, die ihre Wurzeln in der phylogenetischen Entwicklung haben. Ihre Entwicklung ist primär das Produkt der neurologischen Reifung. Die höheren Emotionen hingegen unterscheiden sich in Funktion und im Mechanismus von den niederen Emotionen. Sie sind für den Menschen einzigartig und werden durch Lernen und Lehren erworben. Sie sind nicht das Produkt eines schlichten Reifungsplanes: „*The internalization of socially rooted and historically developed activities is the distinguishing feature of human psychology, the basis of the qualitative leap from animal to human psychology.*" (Vygotsky, 1978, S. 57)

Für die Entstehung und Entwicklung von Emotionen greift Holodynski auf das *Allgemeine Genetische Gesetz* von Vygotsky zurück, das besagt, dass jede Funktion in der kulturellen Entwicklung des Kindes zweimal auftritt, nämlich auf zwei Ebenen. Zuerst treten diese Funktionen auf der interpersonalen Ebene auf und später auf der intrapersonalen Ebene des Kindes. Nach Sroufe (1996) kann dieses Prinzip auch für die Entwicklung von Emotionen geltend gemacht werden. Emotionen werden danach zu Beginn extern durch die Bezugsperson reguliert und später selbstständig durch das Kind intern. Die emotionale Entwicklung kann demzufolge als ein Internalisierungsprozess verstanden werden. Dabei dient der emotionale Ausdruck als Vermittler zwischen den Emotionen der Bezugsperson und denen des Kindes. Die undifferenzierten Ausdruckszeichen des Säuglings entwickeln sich in der

Interaktion mit der Bezugsperson zu kommunikativen Zeichen, die als *Symptom* (Signalisierung eines bestimmten Gefühls), *Appell* (Erwecken eines Eindruckes beim Empfänger, der in einer bestimmten Weise handeln soll) und als *Symbol* (repräsentativer Gebrauch des Ausdruckszeichens) verwendet werden können. Vorläufer-Emotionen haben im Wesentlichen eine interpersonale Regulationsfunktion, indem sie für die Bezugsperson als Appell interpretiert werden, eine Handlung für den Säugling auszuführen, die der Befriedigung der kindlichen Motive dient (vgl. Abb. 2). Holodynski nennt fünf Entwicklungsphasen auf dem Weg zu der intrapersonalen Regulation von Emotionen. Die erste Phase soll hier näher beschrieben werden, da sie sich auf das Säuglings- und Kleinkindalter bezieht, das dem Alter der Kinder (22 Monate) in der vorliegenden Untersuchung entspricht.

Kinder im Säuglingsalter und Kleinkindalter werden mit zwei Aufgaben in der emotionalen Entwicklung konfrontiert. *Erstens* müssen sie aus den undifferenzierten Vorläufer-Emotionen mithilfe der Bezugsperson ein differenziertes Emotionsrepertoire aufbauen. Damit ist die Ausbildung der Vorläufer-Emotionen zu den Emotionen Frustration, Ärger und Trotz, Kummer und Trauer, Ekel und Abneigung, Furcht und Verlegenheit, Interesse und Überraschung, Wohlbehagen, Freude, Zuneigung und Belustigung gemeint. *Zweitens* müssen erste Bewältigungshandlungen gelernt werden, mit denen das Kind seine individuellen Motive selbstständig befriedigen kann. An der Ausbildung dieser beiden Fähigkeiten sind zwei Mechanismen beteiligt: die Ko-Regulation und die Affektabstimmung (*affect attunement)* zwischen Mutter und Kind (Holodynski, 2005b). Unter Ko-Regulation ist das sensitive und abgestimmte Reagieren der Mutter auf die kindlichen Signale gemeint. Aus dem Ausdrucksverhalten, der Körperspannung und Körperreaktion des Kindes interpretiert die Bezugsperson den aktuellen emotionalen Zustand des Kindes und reagiert darauf in einer verkürzten, dem Fähigkeitsniveau des Säuglings angepassten Weise mit einer Bewältigungshandlung. Damit ermöglicht sie dem Säugling, eine *„zeitliche, sensorische und räumliche Kontingenz zwischen dem Emotionsanlass, Emotionsausdruck und der Bewältigungshandlung zu erfahren, die [...] zum Aufbau bedeutungsabhängiger emotionsspezifischer Einschätzungsmuster"* führt (Holodynski, 2005, S. 241). Durch das Spiegeln der kindlichen Affekte (Affektabstimmung) erfährt das Kind zusätzlich eine Kontingenz zwischen seinem Gefühlsausdruck und dem des Partners, seinem subjektiven Gefühl und der entsprechenden handlungsregulierenden Konsequenz. Dies ermöglicht ihm die Ausbildung des Symbolgebrauchs von Ausdruckszeichen und eine bewusste Gefühlswahrnehmung.

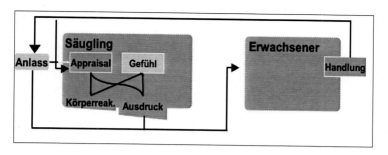

Abbildung 2: Ko-Regulationsprozess zwischen Mutter und Kind (aus Holodynski, 2005b)

Die Bedeutung des kontextualen bzw. sozialen Einflusses auf die Entwicklung von Emotionen wird in der obigen Beschreibung bereits impliziert, ohne aber explizit ausgesprochen zu werden. Abschließend wird daher die Bedeutung des Entwicklungsmodells für das Wirken von Sozialisationsfaktoren auf die emotionale Entwicklung des Kindes zusammenfassend dargestellt.

Die emotionalen Ausdrucksreaktionen von Mutter und Kleinkind sind das primäre Kommunikationsmittel, mit dem Mutter und Kind ihre Emotionen kommunizieren können. Ausdrucksreaktionen können als Bedeutungsträger verstanden werden, indem sie die Beziehungen zwischen Situationsanlässen, Emotionen und der Befriedigung von Motiven herstellen. Durch das auf das kindliche Erregungsniveau angepasste Verhalten der Mutter erfährt das Kind eine zunehmende Kontingenz zwischen Situationsanlass, Körper- und Ausdrucksreaktionen, subjektivem Gefühl und einer Bewältigungshandlung. Durch die affektive Abstimmung zwischen den kindlichen emotionalen Ausdrucksreaktionen und den mütterlichen emotionalen Ausdrucksreaktionen erfährt das Kind eine zusätzliche Kontingenz zwischen Ausdruck, Gefühl und handlungsregulierenden Konsequenzen. Emotionen haben im Kleinkindalter primär eine interpersonale Regulationsfunktion. Das Kleinkind ist auf die emotionalen Reaktionen, also auch auf die Bewältigungshandlung der Bezugsperson angewiesen, um auf Situationsanlässe reagieren zu können. Die kindlichen Emotionsprozesse müssen daher als ein koreguliertes System verstanden werden, das zur Aufrechterhaltung die Beteiligung von Bezugsperson und Kind benötigt. Im Laufe des zweiten Lebensjahres entwickelt sich beim Kleinkind eine zunehmend selbstständige Regulation, indem das Kleinkind von sich aus aktiv die Regulationsunterstützung (Appell) der Bezugsperson einfordert.

Welche Bedeutung hat der kontextualistische Ansatz nun für die emotionale Interaktion von Mutter und Kleinkind in einer Geschenksituation?

Aus kontextualistischer Perspektive erfahren Kleinkinder bereits im Alter von 22 Monaten wie Emotionen in einer Geschenksituation erlebt und ausgedrückt werden. Die Darbietungsregeln werden von der Mutter durch den eigenen emotionalen Ausdruck vorgelebt. Nach Holodynski (2005) leben Mütter den Kindern in einer Geschenksituation nicht nur vor, wann und wie Emotionen ausgelöst werden (Darbietungsregeln), sondern sie leben dem Kind den Situationsanlass, den Emotionsausdruck, das emotionsspezifische Einschätzungsmuster sowie das subjektive Gefühl vor.

Die vom Kind erlebten und ausgedrückten Emotionen werden aber noch nicht durch das Kind selbstständig aufrechterhalten, wie es im Grundschulalter der Fall ist, sondern die Mütter halten im Prozess der Ko-Regulation die kindlichen Emotionen und Ausdrucksregeln aufrecht. In diesem Sinne kann bei den 22-monatigen Kindern in der Geschenksituation auch von *externalen Darbietungsregeln* gesprochen werden. Dies ermöglicht den Müttern implizit oder explizit auf das emotionale Erleben und die sich entwickelnden Darbietungsregeln des Kindes Einfluss zunehmen. Die kindliche Abhängigkeit von den emotionalen Reaktionen der Mutter lässt dieser somit eine primäre Stellung im kindlichen Erleben in der Geschenksituation zukommen. Von entscheidender Bedeutung sind daher die Praktiken, mit welchen die Mütter den Kindern die erwünschten Emotionen in der Geschenksituation modellieren. Über den emotionalen Ausdruck können Mütter ihren Kindern die Bedeutung von Situationen, Emotionen und die spezifische Art diese auszudrücken und zu erleben modellieren. Der emotionale Ausdruck ermöglicht das Modellieren von Emotionen sowohl im sprachlichen als auch im vorsprachlichen Alter und kann daher als primäre mütterliche Strategie verstanden werden. Der emotionale Ausdruck ist aber nicht das einzige Mittel, das den Müttern zur Verfügung steht, um Kinder in der Geschenksituation zu unterstützen. Nachfolgend werden weitere Einflussmöglichkeiten der Mütter dargestellt.

1.2 Mütterliche Strategien in der Sozialisation der kindlichen Emotionen

Um die emotionale Entwicklung des Kindes zu unterstützen und zu fördern, stehen den kindlichen Bezugspersonen unterschiedliche Arten der Einflussnahme zur Verfügung. Dies gilt nicht nur für Bezugspersonen im engeren Sinne wie etwa die Eltern, sondern auch für andere Personen, die Teil des kindlichen Kontextes sind ("*socializers*"). Da die vorliegende Arbeit die emotionalen Reaktionen von Mutter und Kind analysieren wird, wird im weiteren Verlauf anstatt von Bezugspersonen und *socializers* von Müttern gesprochen.

Die Einflussnahme der Mütter auf die emotionale Entwicklung kann zum einen als Erziehung verstanden werden, zum anderen aber auch als Teil der kindlichen Sozialisation. Erzieherische Einflussnahme meint eine bewusste und geplante Einflussnahme, die ein Kompetenzgefälle zwischen dem Erziehenden und dem zu Erziehenden voraussetzt (Zimmermann, 2005). Sozialisation hingegen kann als „Prozess der Entstehung und Entwicklung der Persönlichkeit in wechselseitiger Abhängigkeit von der gesellschaftlich vermittelten sozialen und materiellen Umwelt" definiert werden (Zimmermann, 2005, S. 16). Sozialisation ist im Vergleich zur Erziehung weder bewusst noch intentional und geplant. Wann es sich nun bei dem mütterlichen Eingreifen um eine intentionale oder um eine nicht intentionale Einflussnahme handelt, unterscheidet sich von Situation zu Situation und von Person zu Person. Eine Trennung von „Erziehungseinflüssen" und „Sozialisationseinflüssen" ist daher weder möglich noch sinnvoll. Deshalb wird im fortlaufenden Text im Allgemeinen von „Sozialisationsstrategien" gesprochen. Darunter verstehe ich die Methoden, mit denen Mütter bewusst oder unbewusst einen Einfluss auf die emotionale Entwicklung des Kindes nehmen. Denham (1998) spricht in diesem Zusammenhang von *sozialen Lernmechanismen* (Übersetzung d. Verf.). Soziale Lernmechanismen werden als Prozesse definiert, die an der emotionalen Sozialisation des Kindes beteiligt sind. Dazu gehören sowohl die mütterlichen Sozialisationsstrategien als auch die kindlichen Reaktionen und der Interaktionsprozess selbst. Für die Analyse der emotionalen Reaktionen von Mutter und Kind bedarf es einer differenzierten Vorgehensweise. Sowohl die mütterlichen Sozialisationsstrategien als auch die Interaktionsprozesse und der kindliche Anteil an den Interaktionsprozessen müssen gesondert betrachtet werden, um die gesamte Interaktion verstehen und erklären zu können. Welche Sozialisationsstrategien stehen der Mutter zur Verfügung?

Holodynski (2005) hat bereits vom emotionalen Ausdruck der Mutter als primäre Sozialisationsstrategie gesprochen. Neben dem emotionalen Ausdruck zählen aber auch das emotionale Klima, die Sprache und die mütterliche Sensitivität dazu. Sozialisationsstrategien werden aber nicht nur genutzt, um das Kind in der emotionalen Entwicklung zu unterstützen, sie werden auch zur Vermittlung von sogenannten Skripts (Repräsentationen von Ereignisabläufen) eingesetzt.

1.2.1 Mütterliche Sozialisationsstrategien

1.2.1.1 Emotionaler Ausdruck

Der emotionale Ausdruck der Mutter als Reaktion auf das kindliche Verhalten kann als primäre Sozialisationsstrategie gelten. In der vorsprachlichen Entwicklung dient er als primäres Kommunikationsmittel zwischen Mutter und Kind (Saarni, Mumme & Campos, 1998). Emotionale Ausdrücke kommen fortwährend vor und sind Teil von alltäglichen Situationen. Der emotionale Ausdruck beinhaltet nicht nur den Gesichtsausdruck, sondern ein ganzes Gefüge, das den mimischen Ausdruck begleitet. Dazu zählen die Gestik, die Körperhaltung bzw. Körperspannung, die Körperbewegung, der vokale Klang der Stimme, das Blickverhalten, das Verhalten im Raum und das Berühren (Holodynski, 2005).

Der mütterliche emotionale Ausdruck dient dem Kind als Modell für den eigenen emotionalen Ausdruck, für die Einschätzung einer spezifischen Situation und für die Ausbildung der Verbindung zwischen den eigenen subjektiven Gefühlen, dem emotionalen Ausdruck und der emotionsauslösenden Situation (Holodynski, 2005). Denham (1998) beschreibt vier Wege, wie der emotionale Ausdruck der Mutter das Ausdrucksverhalten des Kindes beeinflusst:

1. Verstärkung und Hervorhebung der emotionalen Bedeutung spezifischer Situationen:

    Der emotionale Ausdruck der Mutter lehrt das Kind implizit, welche Emotionen in der vorherrschenden Kultur, Gesellschaft und Familie akzeptabel sind und welche Emotionen in einer spezifischen Situation angebracht sind.

2. Modellierung des spezifischen Ausdruckes einer Emotion:

    Mütter beeinflussen die Art und Weise, wie Emotionen gezeigt werden. Dazu gehören sowohl die Intensität einer emotionalen Reaktion als auch die Art der spezifischen Emotion. Werden die Augen in einer Angstsituation weit aufgerissen oder werden etwa andere subtilere mimische Reaktionen gezeigt?

3. Modellierung einer spezifischen Verhaltensreaktion bzw. Bewältigungsreaktion:

    Mütter haben zudem einen entscheidenden Einfluss darauf, mit welchem Verhalten Kinder auf spezifische Emotionen reagieren. Sie leben dem Kind durch ihr eigenes Verhalten spezifische Verhaltensoptionen vor.

4. Existenz eines allgemeinen und situationsübergreifenden emotionalen Klimas:

    Die vorherschende Art, wie und welche Emotionen ausgedrückt werden und wie mit diesen Emotionen umgegangen wird.

Nach der „*modeling hypothesis*" reflektieren die kindlichen emotionalen Ausdrücke die vorherrschende und situationsübergreifende Ausdrucksweise der Eltern. Dazu zählt auch das vorherrschende Profil an gezeigten Emotionen wie Freude, Ärger und Traurigkeit (Denham, 1998).

In der Studie von Davies und Cumming (1995) zeigte sich, dass Mütter, die insgesamt fröhlich sind, auch Kinder haben, die fröhlicher und weniger traurig und verärgert sind. Denham (1989) konnte zeigen, dass Kinder, die häufiger traurig und angespannt sind, ebenfalls Mütter haben, die eher traurig und angespannt sind. Zudem korrelierten der mütterliche Ärger und die Anspannung negativ mit der kindlichen Fröhlichkeit. Haviland und Lelwica (1987) konnten nachweisen, dass bereits zehn Wochen alte Säuglinge auf die Gefühlsausdrücke der Mutter (Freude, Traurigkeit und Ärger) in unterschiedlicher Weise reagieren. Dabei kopierten die Kinder nicht nur den emotionalen Gesichtsausdruck, sondern sie reagierten zum Beispiel auf das traurige Gesicht der Mutter mit Kau- und Saugbewegungen. Hornick, Riesenhoover und Gunnar (1987) konnten zeigen, dass Kinder im Alter von 12 Monaten den Umgang mit einem Objekt vermieden, bei dem die Mutter zuvor Ekel gegenüber dem Objekt zeigte.

Mütter modellieren nicht nur Gefühlsausdrücke, sondern sie spiegeln auch die Gefühlsausdrücke des Säuglings wider. In einer Spielepisode und in einer Wiedervereinigungssituation reagierten die Mütter auf die Freude des Kindes ihrerseits vermehrt mit Freude und auf einen interessierten Gefühlsausdruck des Säuglings ebenfalls mit einem Interessenausdruck (Malatesta und Haviland, 1982).

Mütter scheinen zudem in ihren emotionalen Ausdrücken nach dem Geschlecht des Kindes zu unterscheiden. Malatesta und Haviland (1982) konnten zeigen, dass Mütter in den USA auf die Fröhlichkeit ihrer Söhne mehr reagierten als auf die der Mädchen und dass sie häufiger einen Einklang mit den Emotionen der Jungen als mit den Mädchen erzielten.

1.2.1.2 Emotionales Klima

Kinder leben in ihren Familien durchgehend in einem emotionalen Klima (Denham, 1998). Dies meint die spezifische Art, wie Emotionen erlebt werden und wie mit Emotionen in der Familie umgegangen wird. Das Familienklima schließt sowohl die in der Familie gezeigten primären Emotionen ein (Familien-Expressivität) als auch den Grad an emotionaler Wärme, die Sensitivität der Bezugspersonen und die Intensität an nonverbaler und verbaler Kommunikation (Denham, 1998; Saarni, Mumme & Campos; Petermann, 2003). Ein überwiegend negativer Emotionsausdruck der Mutter wirkt sich danach negativ auf die

Emotionsregulation des Kindes aus. Eine positive Expressivität der Mutter hängt hingegen mit einer guten Emotionsregulation zusammen (Eisenberg et al. 2001). Hubbard (2002) zeigte, dass ein negatives emotionales Familienklima (familiäre Expressivität) bei Zehnjährigen zu geringeren Fähigkeiten der Emotionsregulation führte und häufiger mit aggressivem Verhalten verbunden war. Garner, Robertson & Smith (1997) zeigten, dass ein häufig positiver Emotionsausdruck der Eltern mit einem positiven Emotionsausdruck ihrer vier- bis fünfjährigen Kinder zusammenhing.

Unterstützende Ergebnisse brachte auch die Bindungsforschung hervor. Jacobsen, Hibbs und Ziegenhain (2000) konnten demonstrieren, dass Kinder, die von ihren Müttern stark kritisiert wurden, im Alter von sechs Jahren häufiger unsicher-gebunden waren. Eine unsichere Bindung wird in der Entwicklung des Kindes als Risikofaktor eingeschätzt. Zhou et al. (2002) konnten einen Zusammenhang zwischen der elterlichen Wärme und der kindlichen Fähigkeit zur Empathie nachweisen. Schaefer (1959) beschrieb emotionale Wärme auf einer Dimension von Wärme zu Feindseligkeit. Diese reicht von hoher Emotionalität (*high affection*), positiver Verstärkung (*positive reinforcement*), Sensitivität gegenüber den kindlichen Bedürfnissen bis hin zu Zurückweisung (*rejection*) und Feindseligkeit (*hostility*) auf der anderen Seite. Sowohl Baldwin (1955) als auch Becker (1964) sprechen von einer Wärme- und Kältedimension.

Das affektive Klima scheint vor allem durch den emotionalen Ausdruck der Bezugsperson vermittelt zu werden, aber auch durch den Tonfall der Stimme, die Ausgeglichenheit und Fröhlichkeit der Mutter und durch einen feinfühligen Körperkontakt zum Kind (Zhou et al., 2002; Fliedner, 2004).

1.2.1.3 Sprache

Einen wesentlichen Einfluss auf die emotionale Entwicklung des Kindes nehmen Mütter durch die Sprache. Denham (1998) spricht in diesem Zusammenhang von „*Coaching*" und meint damit den Einsatz von Sprache zur Formung der kindlichen Emotionen. Sprache hat nach Miller & Sperry (1988) in der Sozialisation von Emotionen drei wesentliche Funktionen. *Erstens* erlaubt es eine genaue Kommunikation darüber, wie man fühlen, was man sagen und wie man sich in einer bestimmten Situation verhalten soll. Mütter verbalisieren die emotionalen Ausdrücke ihrer Kinder und versuchen auf die Gefühle des Kindes einzugehen und das Verhalten ihrer Kinder zu beeinflussen (Brown & Dunn, 1992). Die Sprache ermöglicht Müttern somit eine gezielte Einflussnahme darauf, wann sich Kinder wie fühlen sollen und wie sie ihr subjektives Gefühl ausdrücken sollen. Denham & Auerbach (1995)

26

konnten nachweisen, dass die Art, wie Mutter und Kind über Fotografien diskutieren, die einen Säugling mit einer diskreten Emotion zeigen, das kindliche emotionale Ausdrucks- verhalten der Kinder im Kindergarten voraussagen. Die Verwendung von emotionaler Sprache wirkt sich aber auch auf den Erwerb kindlicher emotionaler Sprache direkt aus. Sie ermöglicht unter anderem, die eigenen Emotionen von denen der anderen zu unter- scheiden sowie über Gefühle und Bedürfnisse zu kommunizieren (Petermann & Wiede- busch, 2003). Denham & Auerbach (1995) konnten in ihrer Studie über Mutter-Kind- Gespräche über Emotionen in einer Bilderbuchsituation nachweisen, dass sich diese auf das Emotionsvokabular der Kinder auswirken. Kinder von Müttern, die häufiger Emoti- onswörter benutzten, nutzten ihrerseits ebenfalls häufiger Emotionswörter. Einen besonde- ren Einfluss hatte dabei die Ausführlichkeit der emotionalen Sprache der Mutter. Mütter, die mehr erklärten, hatten Kinder, die Emotionswörter in der Kommunikation häufiger benutzten.

Zweitens ermöglicht Sprache die Repräsentation von Vergangenem und Zukünftigem. Dies erlaubt es, erlebte Emotionen zu reflektieren und zukünftige zu antizipieren. *Drittens* ermöglichen linguistische Komponenten, wie die Tonlage der Stimme oder die Art der Satzkonstruktion, spezifische Affekte zu kommunizieren. Fernald (1993) kam zu dem Schluss, dass bereits bei fünfmonatigen Säuglingen allein eine Stimmführung einer Person beim Kind eine positive oder negative Reaktion hervorrufen kann. Säuglinge zeigten mehr positive Aufmerksamkeit und Freude, wenn sie Bestätigungen hörten, als wenn sie Verbote hörten. Dieser Effekt konnte sogar bei Sprachen gezeigt werden, die nicht der kindlichen Muttersprache entsprachen. Eine weitere *vierte* Funktion, die die mütterliche Sprache in der emotionalen Entwicklung des Kindes einnimmt, aber von Miller & Sperry (1988) nicht explizit angesprochen wurde, betrifft die Vermittlung der Bewertung einer spezifischen Situation und der Wertschätzung des eigenen Kindes.

Durch den Gebrauch spezifischer Emotionswörter durch die Mütter in bestimmten emoti- onsauslösenden Situationen wird den Kindern der emotionale Wert einer spezifischen Situation vermittelt. Eine freudige Aussage der Mutter gibt einer Situation einen anderen Wert als eine neutrale oder keine Aussage. Eine Wertebindung entscheidet letztendlich darüber, ob überhaupt und mit welcher Intensität eine Gefühlsregung entsteht (Ulich & Kapfhammer, 1998). Über die Sprache werden somit auch kulturelle Werte und persönli- che Wertvorstellungen vermittelt.

Ein weiterer wichtiger Bestandteil der emotionalen Sozialisation ist nach Ulich (1994) die Ausprägung der kindlichen Wertschätzung durch die Mütter. Die Wertschätzung des

Kindes in Form von Bestätigung, Ermutigung, Kritik und Ablehnung ist von der Qualität der Mutter- und Kind-Bindung sowie der Erziehungsmethoden abhängig. Mills & Rubin (1993) konnten zeigen, dass Mütter von Kindern mit ängstlich unsicherem Verhalten mehr Wert auf direktive Erziehungsmethoden legen (Belohnung und Bestrafung). Jacobsen, Hibbs und Ziegenhain (2000) zeigten, dass Mütter, die ihre Kinder stark kritisieren, Kinder haben, die im Alter von sechs Jahren häufiger unsicher gebunden waren. Tomkins (1963) spricht in diesem Zusammenhang auch von der Bedeutung der mütterlichen Haltung gegenüber den kindlichen Affekten. Er unterscheidet eine *„rewarding socialization"* (belohnende Sozialisation) von *„punitive socialization"* (bestrafende Sozialisation). Unter Ersterer wird die aktive Teilnahme der Bezugsperson an den kindlichen Gefühlen verstanden. Die kindlichen Emotionen werden validiert und nicht abgelehnt. Dies gilt sowohl für negative als auch für positive Emotionen der Kinder. Unter bestrafender Sozialisation (*„punitiv socialization"*) versteht Tomkins den negativen Gegenspieler der belohnenden Sozialisation. Mütter verfehlen das Ziel, die kindlichen Emotionen zu validieren. Sie ignorieren diese oder lehnen sie sogar ab.

Beim sprachlichen Umgang mit Emotionen wurden bei den Müttern auch individuelle Unterschiede beobachtet. Dabei war das kindliche Geschlecht von besonderer Bedeutung. Dunn, Bretherton & Munn (1987) konnten zeigen, dass Mütter bei ihren 18-32 Monate alten Kindern bei den Mädchen Gefühlszustände häufiger benannten als bei den Jungen. Mit 24 Monaten zeigte sich zudem, dass Mädchen sich häufiger auf Gefühlszustände bezogen als ihre männlichen Altersgenossen. Fivush (1989) konnte zeigen, dass Mütter, wenn sie über vergangene Emotionen mit 30-35 Monate alten Kindern sprachen, bei den Jungen häufiger als bei den Mädchen Emotionen benannten und erklärten. Brock (1993) konnte hingegen keinen Geschlechtsunterschied in der Benennung und Erklärung von Emotionen durch die Mütter finden. Eine Metaanalyse von Lytton und Romney (1991) legt nahe, dass das geschlechtsspezifische Verhalten der Eltern mit dem Alter der Kinder abnimmt. Der größte geschlechtsspezifische Sozialisationseinfluss auf die Emotionen des Kindes kann daher in den frühen Jahren vermutet werden.

1.2.1.4 Sensitivität

Die mütterliche Sensitivität bzw. Feinfühligkeit ist ein Konzept, das aus der Bindungsforschung stammt. Sie gilt als primäre Determinante der kindlichen Bindungsqualität. Die Qualität der Bindung wird mithilfe des Fremde-Situations-Test im Alter von 12-24 Monaten ermittelt (Ainsworth & Wittig, 1969). Das Verhalten des Kindes in der Wiedervereinigungssituation gibt Aufschluss über die Bindungsqualität des Kindes (Spangler & Zimmermann, 1999). Bisher wurden drei Hauptbindungsgruppen unterschieden. Sichergebundene Kinder zeigen im Fremde-Situations-Test aktives und offenes Bindungsverhalten, unsicher-vermeidende Kinder zeigen vermeidendes Verhalten und suchen nicht aktiv nach der Nähe der Bezugsperson, und unsicher-ambivalente Kinder zeigen sowohl Bindungsverhalten als auch vermeidendes Verhalten (Hédervári, 1995). Eine sichere Bindung wird in der Entwicklung des Kindes als Schutzfaktor gesehen und steht mit positiven, sozialen und kognitiven kindlichen Entwicklungsergebnissen in Verbindung (Petermann, Niebank & Scheithauer, 2000).

Sensitivität wird als die Fähigkeit des fürsorgenden Erwachsenen bezeichnet, die Signale des Kindes wahrzunehmen, diese zutreffend zu interpretieren und darauf prompt und in angemessener Weise zu reagieren (Ainsworth et al., 1978). Eine ausgeprägte Sensitivität der Mutter steht in Verbindung mit einer sicheren Bindung aufseiten des Kindes. Das Kind erfährt die Mutter als zuverlässige und schützende Basis, bei der es bei Gefahr Schutz findet. Eine geringe Sensitivität führt hingegen zu einer unsichereren Bindung. Die mütterliche Sensitivität hat auch einen direkten Einfluss auf die Häufigkeit der gezeigten Emotionen des Kindes. Mütter, die in den ersten Lebensmonaten des Kindes in sensitiver Weise auf die kindlichen Bindungssignale (z. B. Weinen) reagieren, haben am Ende des ersten Lebensjahres Kinder, die weniger häufig weinen (Bell & Ainsworth, 1972). Spangler et al. (1994) konnten nachweisen, dass Säuglinge von wenig sensitiven Müttern schon mit drei Monaten in einer Spielsituation eine deutliche Zunahme an negativem Emotionsausdruck, und zwar sowohl in der Stimme als auch in der Motorik, zeigten. Kochanska (2001) konnte nachweisen, dass ab dem 14. Lebensmonat des Kindes deutliche Unterschiede im Emotionsausdruck des Kindes je nach Qualität der Mutter-Kind-Bindung zu finden sind. Kinder mit einer sicheren Bindung im Alter von 14 Monaten zeigten im Alter von 33 Monaten weniger häufig Angst und Ärger. Unsicher-gebundene Kinder freuten sich im zweiten und dritten Lebensjahr weniger und waren häufiger ängstlich und ärgerlich.

Die Wirksamkeit der mütterlichen Sensitivität entfaltet sich aber nur dann, wenn sie in eine hohe Wertschätzung kindlicher Entwicklung und kindlichen Wohlbefindens eingebettet ist (Ulich, 1994).

Neuere Forschungsergebnisse lassen die Schlussfolgerung zu, dass Sensitivität eher Bezüge zu dem hat, was MacDonald (1992) als Wärmesystem bezeichnet (Keller et al., 1999). Abgrenzend von dem, was die Bindungstheorie Sicherheitssystem nennt (das Bindungssystem des Kindes und das Fürsorgesystem der Mutter), kommt das Wärmesystem (aufseiten der Mutter) dem kindlichen Bedürfnis nach sozialer Belohnung, Anerkennung und Wärme nach (Belohnungssystem aufseiten des Kindes). Sicherheits- und Wärmesysteme sind nach MacDonald eng miteinander verbunden, sind aber dennoch unterschiedliche Systeme. Aufgrund der Schutzfunktion des Sicherheitssystems ist dieses primär auf die negativen Emotionen des Kindes bezogen (Bindungssignale des Kindes). Das Wärmesystem der Mutter kann hingegen als Quelle positiver Stimulation gesehen werden, das das kindliche Bedürfnis nach Wärme und positiver Emotionalität befriedigt (Lohaus, Ball & Lißmann, 2004).

1.2.1.5 Emotional-kognitives Skript einer Geschenksituation

Neben der Art und Weise wie Emotionen in einer Geschenksituation erlebt und ausge-drückt werden, sind auch strukturelle Komponenten von Bedeutung. Kinder müssen nicht nur lernen, wie und auf welche Weise Emotionen in spezifischen Situationen ausgedrückt werden, sondern müssen auch den spezifischen Ablauf einer Geschenksituation erlernen um, kulturangepasst reagieren zu können. In der Kognitionspsychologie wird in diesem Zusammenhang von Skripts gesprochen. Unter Skripten werden „generalisierte Repräsen-tationen einer geordneten zeitlichen Abfolge von Ereignissen" verstanden, wie sie im täglichen Leben vorkommen (Miller, 1993, S. 246). Anhand von Skripts können Kinder neu auftretende und bereits bekannte Ereignisse verstehen und interpretieren. Ein Beispiel ist das Einkaufen in einem Supermarkt. Das Skript Supermarkt (einen Einkaufswagen holen, Waren auswählen und in den Einkaufswagen legen, Waren auf das Band legen, bezahlen, Waren einpacken und Einkaufswagen abgeben) ermöglicht dem Kind die zeitli-chen Ereignisse, die eigenen Aufgaben, die Aufgaben der Kassiererinnen und Verkäuferin-nen in unterschiedlichen Einkaufsmärkten zu verstehen und situationsangepasst zu reagie-ren. In der Emotionspsychologie wird hingegen von emotionalen Skripts gesprochen. Dieser Begriff erfährt je nach Autor unterschiedliche Definitionen und entspricht nicht immer dem Verständnis von kognitiven Skripts. Russell (1989) versteht unter einem emo-tionalen Skript die schematische Repräsentation einer bestimmten Emotion. Das beinhaltet vor allem das spezifische Verständnis einer Emotion. Abelson (1981) erfasste emotionale Skripts als ein spezifisches Verständnis von einer bestimmten Emotion als auch das spezi-fische Verhalten. Lewis (1989) Definition von emotionalen Skripts kommt der Definition von kognitiven Skripts am nächsten. Für ihn repräsentiert ein emotionales Skript ein spezi-fisches emotionales Verhalten in einer bestimmten emotionalen Situation. Emotionale Skripts enthalten danach Informationen, welche Emotionen in bestimmten emotionalen

Situationen gezeigt werden sollten. Lewis' Vorstellung eines emotionalen Skripts beinhaltet mit dem Auslöser eine strukturelle Komponente, doch der Schwerpunkt liegt aber vor allem auf dem Ausdruck einer Emotion.

„Scripts inform us most about the external features of expressions of emotional behaviour more readily than emotional states themselves." (Lewis, 1998, S. 351)

Seine Definition kommt daher dem Konzept von Darbietungsregeln sehr nahe. Eine emotionale Situation, wie es eine Geschenksituation ist, beinhaltet aber mehrere strukturelle Komponenten, die zu einer angemessenen Repräsentation führten. Um diese Verbindung von emotionalen Komponenten (Art und Weise des emotionalen Ausdrucks) und strukturellen Komponenten (zeitlicher Ablauf und Organisation) zu verdeutlichen, spreche ich von *emotional-kognitiven Skripts*. Darunter verstehe ich generalisierte Repräsentation einer geordneten zeitlichen Abfolge von Ereignissen mit emotionalem Bezug, die die zeitliche Abfolge und den Ausdruck einer Emotion in einer Situation repräsentieren. In einer Geschenksituation repräsentieren emotional-kognitive Skripts die Rolle des Schenkenden, die Rollen des Beschenkten, die Rolle der Mutter, der zeitliche Ablauf und der daran gebundenen emotionalen Reaktionen. Die Bildung von emotional-kognitiven Skripts im Kleinkindalter ist abhängig vom Verhalten der Bezugsperson (in diesem Fall der Mutter) in der spezifischen Situation (Geschenksituation). Die Mutter definiert die Rolle des Kindes, die des Schenkenden und die eigene Rolle, indem sie das Kind zum Mittelpunkt des Geschehens macht. Sie verdeutlicht dem Kind im Idealfall, dass es in der Geschenksituation die Hauptrolle einnimmt. Zum einen kann sie dies durch die Sprache tun, die sich vermehrt auf das kindliche Wohlbefinden, die kindlichen Gefühle und die Geschenke richtet und zum anderen durch eine konkrete Strukturierung der Situation. In der Geschenksituation kann die Mutter die Geschenke selbst auspacken oder sie kann dem Kind das Auspacken überlassen, um so dem Kind zu verdeutlichen, dass die Geschenke an das Kind gerichtet sind. Dadurch wird die Rolle der Mutter gleich mitdefiniert. Die Mutter wirkt im Idealfall unterstützend, indem sie die Emotionen des Kindes fördert, dem Kind das Auspacken der Geschenke überlässt, zusätzlich dem Kind aber unterstützend beiwohnt, indem sie die Beschäftigung mit den Geschenken mit initiiert. Von Bedeutung ist dabei, dass die emotionale Reaktion auf ein Geschenk zum richtigen Zeitpunkt erfolgen muss. Auf den Erhalt eines Geschenks wird mit unmittelbarer Freude reagiert. Der Ausdruck der Freude richtet sich an den Schenkenden und kann auch als eine Geste des Dankes betrachtet werden. Bei Erwachsenen und bei Kindern im verbalen Alter wird die Dankbarkeit zusätzlich durch eine verbale Bedankung unterstützt.

Es ist anzunehmen, dass Kinder im Alter von 22 Monaten noch über kein verfestigtes emotional-kognitives Skript einer Geschenksituation verfügen. Es liegt daher an den Müttern, dem Kind die Entwicklung eines solchen Skripts zu ermöglichen. Auf einer strukturellen Ebene können Mütter die Entwicklung eines solchen Skripts unterstützen, indem sie wie oben aufgeführt für eine klare Strukturierung einer Geschenksituation sorgen.

1.3 Prozesse in der Sozialisation von Emotionen

Die Interaktionsprozesse, die bei der Sozialisation von Emotionen zwischen Mutter und Kind ablaufen, können von den mütterlichen Sozialisationsstrategien getrennt betrachtet werden. Die Einordnung ist dabei nicht ausschließend. Die Aufteilung dient lediglich einem besseren Verständnis und einer differenzierteren Betrachtungsweise. Malatesta und Haviland (1982) gehen davon aus, dass in der frühen Mutter- und Kind-Interaktion vor allem Modelllernen und instrumentelle Konditionierung eine Rolle spielen. Holodynski (2005) spricht von einer Ko-Regulation zwischen Bezugsperson und Kind und Stern (1985) von *„affect attunement"*. Ähnlich dem „affect attunement" ist das Konzept des *„affect contagion"* (Saarni, Mumme & Campos, 1988).

Beim Modell- oder Imitationslernen scheint vor allem das *„social referencing" (soziale Bezugnahme)* eine Rolle zu spielen. Feinman (1982) versteht darunter den Prozess, bei dem eine Person (in diesem Fall das Kind) von einer anderen Person (der Mutter) emotionale Informationen einholt und diese dazu nutzt, ein mehrdeutiges oder uneindeutiges Ereignis einzuschätzen und diesem eine Bedeutung zuzuschreiben. Campos und Sternberg (1981) betonen, dass die soziale Bezugnahme vor allem in uneindeutigen Situationen stattfindet. Wenn Mütter ihren einjährigen Kindern eine Reihe von neuen Spielobjekten zeigen und jeweils einen erfreuten, neutralen oder einen abstoßenden Gesichtsausdruck zeigen, wirkt sich dies auf das spätere Spiel des Kindes mit den Objekten aus. Spielobjekte, bei denen die Mütter einen abstoßenden Gesichtsausdruck zeigten, wurden von Kindern im späteren Spiel vermieden (Hornik, Riesenhoover & Gunnar, 1987; Walden & Ogan, 1988). Zusätzlich konnte festgestellt werden, dass es sich bei diesem Prozess nicht nur um eine einfache Stimmungsveränderung des Kindes durch die Stimmung der Mutter handelt. Das Kind nutzt die emotionale Reaktion der Bezugsperson auf ein spezifisches Objekt und schreibt dem Objekt bzw. der Situation aufgrund der mütterlichen Informationen selbst eine Bedeutung zu.

Während das „social referencing" als eine affektive Kommunikation unter Bezugnahme auf ein äußeres Objekt verstanden werden kann, gibt es Formen der emotionalen Kommunikation aufseiten der Mutter, die ohne diesen Umweg funktionieren (Dornes, 2001). Stern (1985) spricht von „*affect attunement*", bei dem die Mutter das Verhalten des Kindes nicht einfach nur imitiert, sondern sie begleitet das kindliche Verhalten mit einer anderen Sinnesmodalität. Dafür muss die Mutter in der Lage sein den Gefühlszustand aus dem kindlichen Verhalten abzulesen, sie muss das kindliche Verhalten in korrespondierender Weise begleiten, und das Kind muss selbst in der Lage sein, das mütterliche Verhalten zu erfassen und zu verstehen (siehe Beispiel affect attunement).

Ähnlich dem „*affect attunement*" ist auf der kindlichen Seite das „*affect contagion*" oder auch „*affect matching*". Dabei wird durch das Sehen oder Hören eines affektiven Ausdruckes einer anderen Person bei sich selbst dieselbe emotionale Reaktion ausgelöst. Wolff (1969) konnte nachweisen, dass zwei Monate alte Säuglinge zu weinen beginnen, wenn sie das zuvor aufgenommene Weinen anderer Babys auf Tonband hören. Haviland und Lelwica (1987) gehen davon aus, dass sich bereits zehn Wochen alte Säuglinge nicht nur an den emotionalen Ausdruck der Mutter anpassen, sondern an den affektiven Zustand der Person. Sie begründeten dies damit, dass die Säuglinge auf die emotionalen Ausdrücke in differenzierter Weise reagierten.

Beispiel Affect Attunement:

Ein neun Monate altes Kind schlägt mit der Hand auf ein Spielzeug, zunächst ein bisschen ärgerlich, dann mit wachsendem Vergnügen und in einem bestimmten Rhythmus. Die Mutter kommentiert das mit freudigem Gesicht und mit einem 'KAA-BAM', wobei das lang gezogene KAA zum Heben des Arms, das BAM zum Fallen passt. (Stern, 1985, S. 140; Übersetzung Dornes, 2001, S. 154)

Fragestellung

Geschenksituationen gehören zu den frühesten Möglichkeiten, in denen Kinder von ihren Eltern soziale Skripte und emotionale Regeln erlernen. Sie stellen im Sozialisationsprozess eine wichtige – und in der Regel emotionale positive – Lehr- und Lernsituation dar (Geburtstage, Weihnachten, Geschenke von Besuchern). Es wird daher angenommen, dass Mütter Geschenksituationen für das Kind im Sinne eines emotional-kognitiven Skriptes gestalten. Dazu gehört, dass sie die Rollen des Schenkenden, des Kindes und die eigene Rolle definieren, indem sie

- ihre Kinder in den Mittelpunkt der Geschenksituation stellen,
- das Auspacken der Geschenke zum größten Teil den Kindern überlassen,
- die Bedeutung des Geschenkes betonen,
- das Geschenk für das Kind erkennbar besonders wertschätzen,
- dem Kind die passenden Emotionen für die Geschenksituation mimisch und verbal vorleben und
- die tatsächlichen oder erwarteten Gefühle der Kinder ausführlich verbalisieren.

Es wird angenommen, dass sich die meisten Mütter mehr oder minder deutlich an ein derart beschriebenes sozial-emotionales Skript halten werden.

Das Erlernen eines angemessenen Verhaltens in einer Geschenksituation werden Eltern zudem dadurch erleichtern, dass sie ein emotional angenehmes Klima aufrechterhalten oder schaffen und das Wohlbefinden des Kindes fördern.

In einer Geschenksituation ist das Beschenkt-Werden bedeutsamer als das einzelne Geschenk. Daher werden die Mütter besonders den Prozess der Schenkung und weniger den einzelnen Gegenstand hervorheben. Entsprechend wird vermutet, dass die Mütter beim Erhalt des Geschenks und dem ersten Öffnen des Gesamtgeschenks einen deutlich positiveren emotionalen Ausdruck vormachen/modellieren werden als beim späteren Auspacken der Einzelgeschenke.

Bei den Kleinkindern werden hingegen mit 22 Monaten noch keine derart ausgeprägten skriptähnlichen Verhaltensweisen erwartet. Die Kinder werden emotional entweder auf den konkreten Gegenstand oder auf das vorgelebte mütterliche Verhalten reagieren, weniger jedoch auf die Geschenkübergabe und auf das Öffnen der Geschenkebox.

Bisherige Forschungsberichte über individuelle Unterschiede in den emotionalen Reaktionen von Kindern im Grundschulalter lassen vermuten, dass in sozial-emotionalen Situationen auch geschlechtstypisches Verhalten schon früh sozial gefördert wird. Bei Mädchen wird in der Regel ein deutlicheres emotionales Verhalten erwartet als bei Jungen. Wenn diese Unterschiede biologisch-geschlechtstypisch sein sollten, dann müssten die Kinder auch schon mit 22 Monaten geschlechtstypisches emotionales Verhalten bereits deutlicher zeigen als ihre Mütter. Wenn dies aber eher ein Effekt der Sozialisation sein sollte, dann müssten die Mütter geschlechtstypische Unterschiede in den Reaktionen deutlicher bei dem einen als bei dem anderen Geschlecht modellieren. Zusätzlich wird erwartet, dass Mütter von Jungen auf jungenspezifische Geschenke (hier: Zug) emotional besonders positiv reagieren, Mütter von Mädchen beim gleichen Geschenk dagegen kaum. Umgekehrt wird bei Müttern von Mädchen erwartet, dass sie auf mädchentypische Geschenke (hier: Fingerpuppen und evtl. Glockenspiel) emotional besonders positiv reagieren und Mütter von Jungen dagegen nicht. Bei den Kleinkindern werden hingegen keine Geschlechtsunterschiede auf diese Geschenke erwartet.

Während Mütter zum einen durch die Strukturierung der Situation (das Kind zum Mittelpunkt der Situation machen) dem Kind die eigene Rolle bzw. Bedeutung in der Geschenksituation deutlich machen, haben sie zum anderen auch die Möglichkeit durch Ermutigungen, Bestätigungen oder Kritik die emotionale Bedeutung der Geschenksituation für das kindliche Wohlbefinden zu verdeutlichen. Die Förderung des kindlichen Wohlbefindens wird als eine weitere Sozialisationsstrategie verstanden, die Mütter bei der Formung der kindlichen Emotionen einsetzen.

Zwischen den mütterlichen Sozialisationsstrategien (emotionaler Ausdruck, Verbalisierung von Gefühlen, Bewertung der Geschenke und Förderung des kindlichen Wohlbefindens) und den emotionalen Reaktionen des Kindes wird ein linearer Zusammenhang vermutet. Es wird angenommen, dass die emotionalen Reaktionen des Kindes von den genannten mütterlichen Sozialisationsstrategien beeinflusst werden.

Feinfühlige Mütter werden in der Sozialisation der kindlichen Emotionen erfolgreicher sein als wenig feinfühlige Mütter, da sie besser in der Lage sind, die sozial-emotionalen Bedingungen der Situation an das Kind zu vermitteln. Sensitivität bedeutet, dass die Mutter in der Lage ist, die Emotionen des Kindes wahrzunehmen, zu interpretieren und in prompter und angemessener Weise darauf zu reagieren. Die mütterliche Sensitivität kann dabei als ein weitgehend überdauerndes Merkmal verstanden werden, das alle anderen Sozialisationsstrategien in ihrer Ausprägung beeinflusst. Die bereits im Alter des Kindes von 12 Monaten erfasste mütterliche Sensitivität in einer Wickel- und Spielsituation wird daher das sozialisierende Verhalten der Mutter in der Geschenksituation vorhersagen. Dies wird am Beispiel ihres ausdrucksvollen emotionalen Verhaltens überprüft. Es wird vermutet, dass sensitive Mütter in ihrem emotionalen Ausdruck positiver sind als nicht sensitive

Mütter. Wenn die mütterliche Sensitivität als überdauerndes Merkmal angenommen werden muss, dann ist zu erwarten, dass Kinder sensitiver Mütter in ihrem positiven Emotionsverhalten in der Geschenksituation ebenfalls ausdrucksstärker sein werden als Kinder ohne eine entsprechend lange modellierende Interaktionserfahrung. Es wird weiterhin vermutet, dass das Verhalten dieser Kinder enger dem ihrer Mütter folgt, als es bei wenig sensitiven Mutter-Kind-Paaren zu erwarten ist.

2 Methoden

2.1 Stichprobe

Die hier verwendete Teilstichprobe stammt aus dem DFG-geförderten Projekt (1988-1994) „Anpassungsleistung von Kleinkindern an neue *settings* im ersten Lebensjahr" (Rauh, Rottmann und Ziegenhain, 1992). Die Gesamtstichprobe bestand aus insgesamt 76 Mutter/Kind-Paaren und wurde ab 1988 im damaligen West-Berlin erhoben. Die Mütter wurden vor der Geburt des Kindes in Geburts-Kliniken und über Ärzte kontaktiert. Als Auswahlkriterium galt die Absicht, das Kind im Laufe des ersten Lebensjahres in eine Krippe zu geben. Zusätzlich wurde versucht, nur deutsche Familien in die Gesamtstichprobe aufzunehmen. Mindestens ein Elternteil musste danach deutsch sein. Nur drei der vor der Geburt kontaktierten Mütter zogen ihre Einwilligung zur Mitarbeit kurz nach der Geburt des Kindes zurück. Die Gesamtstichprobe kann daher für Eltern aus West-Berlin, die eine Krippenerziehung in Anspruch nehmen wollten, als repräsentativ eingeschätzt werden (da die genaue Beschreibung der Gesamtstichprobe bereits in mehreren Artikeln publiziert wurde, wird an dieser Stelle auf weitere Ausführungen verzichtet. Informationen über die Gesamtstichprobe, die für diese Untersuchung von Bedeutung sind, sind in *Tabelle 1* zu finden). Von den insgesamt 76 Mutter/Kind-Paaren der Gesamtstichprobe hatten 72 Mütter und deren Kinder die für diese Analyse notwendigen vollständigen Daten. Aufgrund des zeitlich begrenzten Rahmens und des explorativen Charakters dieser Untersuchung wurden aus den 72 Mutter/Kind-Paaren per Zufall 26 Mutter- und Kind-Paare ausgewählt. Das Alter der in der Untersuchung teilnehmenden Mütter kann als repräsentativ für die gegenwärtige demografische Lage eingeschätzt werden. (*Tabelle 1*). Zum Großteil handelte es sich bei den Müttern um deutsche Staatsbürgerinnen, die zum Großteil in einem ehelichen Verhältnis lebten. Unverheiratete Mütter machten hingen nur einen geringfügigen Prozentsatz der Population aus. (*Tabelle 1*). Das Bildungsniveau der Mütter (Schulabschluss) kann als breit gefächert bezeichnet werden. Insgesamt waren aber verhältnismäßig mehr Mütter mit einem mittleren und höheren Schulabschluss an der Untersuchung beteiligt. Die untersuchten Mütter und Kinder können primär dem Mittelstand zugeschrieben werden. Die finanzielle Situation wurde mindestens mit ausreichend bewertet und nur wenige Mütter bezeichneten die Lebenssituation als schwierig. Dies bestätigte sich auch an der Anzahl im Haushalt lebender Personen (*Tabelle 1*). Da alle Mutter/Kind-Paare bei Geburt im selben Jahr kontaktiert wurden, zeigte sich bei den Kindern nur eine geringe Alterspanne (*Tabelle 1*). Der Anteil von Jungen und Mädchen war in etwa ausgeglichen mit einer etwas stärkeren Vertretung durch das weibliche Geschlecht. Die Erziehungsverantwortung lag zum Untersuchungszeitpunkt bei allen Mutter/Kind-Paaren bei den Müttern. Wie Tabelle 1 verdeutlicht, entspricht die untersuchte Teilstichprobe im Wesentlichen der Gesamtstichprobe und kann daher als repräsentativ für die im damaligen West-Berlin lebenden Familien eingeschätzt werden.

Tabelle 1: Stichprobenbeschreibung

	Verwendete Stichprobe (n=26)	Gesamtstichprobe (n=72) Rauh, Rottmann und Ziegenhain, (1992)
Alter der Mütter	33,3 Jahre, 4,63 SD 25-40 Jahre (min-max)	32,2 Jahre 23-45 Jahre (min-max)
Alter der Kinder	21,7 Monate, 0,48 Std. 20,7-23 Monate	22,1 Monate 20,7-23,2 Monate
Geschlecht der Kinder	53,8 % (14) weiblich 46,2 % (12) männlich	46,1 % (35) weiblich 53,9 % (41) männlich
Familiäre Situation:	88,4 % (25) Zusammenlebend 11,5 % (1) Nicht zusammenlebend	88,2 (67) Zusammenlebend 11,9 % (9) Nicht zusammenlebend
Schulbildung	7,7 % (2) ohne Abschluss 15,4 % (4) Hauptschulabschluss 46,2 % (12) Realschulabschluss 30,8 % (8) Gymnasium	2,6 % (2) ohne Abschluss 13,2 % (10) Hauptschulabschluss 44,7 % (34) Realschulabschluss 39,5 % (30) Gymnasium
Berufsausbildung	11,5 % (3) Ohne Ausbildung 65,4 % (17) Lehre 11,5 % (3) Fachbildung/Meister 11,5 % (3) Akademiker	10,5 % (8) Ohne Ausbildung 50,0 % (38) Lehre 17,1 % (13) Fachbildung/Meister 21,1 % (16) Akademiker
Personen im Haushalt	42,3 % (11) 3-Personen-Haushalt 46,2 % (12) 4-Personen-Haushalt 11,5 % (3) Mehr als 4 Personen	5,3 (4) 2-Personen-Haushalt 47,4 (36) 3-Personen-Haushalt 34,2 (26) 4-Personen-Haushalt 13,1 (10) Mehr als 4 Personen
Allg. Lebensbedingungen	23,1 % (6) Gut – sehr gut 69,2 % (18) Ausreichend 7,7 % (2) Schwierig	31,6 % (24) Gut – sehr gut 60,5 % (46) Ausreichend 7,9 % (6) Schwierig
Finanzielles Auskommen	30,8 % (8) Gut – sehr gut 69,2 % (18) Normal 0 % (0) Schlecht/belastet	23,7 % (18) Gut – sehr gut 67,1 % (51) Normal 9,2 % (7) Schlecht/belastet
Nationalität der Mutter	88,5 % (23) Deutsch 11,5 % (3) Andere	93,4 % (72) Deutsch 6,6 % (4) Andere
Erziehungsverantwortung	100 % (26) Gemeinsam 0 % (0) Alleinerziehend	88,2 % (67) Gemeinsam 11,8 % (9) Alleinerziehend

2.2 Vorgehen

Im Rahmen der Längsschnittstudie „Frühkindliche Anpassung" (Rauh, Rottmann & Ziegenhain, 1992) wurden 76 Mütter und ihre Kinder von der Geburt bis zum Ende des zweiten Lebensjahres begleitet. Sie wurden zu unterschiedlichen Zeitpunkten (3, 6, 9, 12, 18 Monaten) in Wickel- und Spielsituationen zu Hause videografiert. Von diesen Situationen wird in der hier vorgelegten Analyse die mütterliche Sensitivität in der Wickelsituation mit 12 Monaten berücksichtigt. Mit 22 Monaten fand die letzte Untersuchungseinheit statt. Die Mütter und Kinder wurden 22 Minuten lang dabei videografiert, wie sie ein Geschenk auspacken, das die Kinder als Dank für die Teilnahme an der Studie erhielten (entspricht der Länge eines U-Matic-Videobands). Diese letzte Untersuchungssituation des Anpassungsprojektes bildet die Grundlage dieser Arbeit[1]. Die Untersuchung der „Geschenksituation" mit 22 Monaten wurde zwischen 1991-1992 durchgeführt. 61,5 % (n = 16) der Untersuchungen fanden im Wohnzimmer der Eltern statt und 38,5 % (n = 10) im Kinderzimmer des Kindes. Der Ort der Aufnahme (Wohnzimmer und Kinderzimmer) wurde je nach Präferenz der Eltern gewählt. Für die Durchführung der Untersuchung wurde bewusst ein natürliches *setting* gewählt, damit das Verhalten und die Verhaltensreaktionen nicht durch die Unbekanntheit des Kontextes (z. B. im Videolabor) verfälscht werden. Die Untersuchung wurde jeweils mit einem Team von zwei Versuchsleitern durchgeführt. Insgesamt waren an der Untersuchung fünf unterschiedliche Versuchsleiterteams beteiligt. Ein Versuchsleiter war während der Videoaufnahme für die Tonsteuerung und die Übergabe des Geschenkes verantwortlich (überwiegend weiblich), und der zweite Versuchsleiter für die Aufnahme der Beobachtung mithilfe der Kamera (überwiegend männlich). Die Untersuchungsdauer betrug 22 Minuten und endete automatisch mit dem Ende des *U-Matic*-Filmbandes, das eine Aufnahmekapazität von ca. 22 Minuten hatte[2]. Mutter und Kind wussten nicht, dass ein Geschenk an das Kind überreicht werden würde. Das Geschenk war also eine Überraschung. Zu Beginn der Aufnahme befanden sich Mutter und Kind gemeinsam im Wohn- bzw. Kinderzimmer. Der Versuchsleiter begann die Untersuchung, indem er das Geschenk in das Untersuchungszimmer zum Kind und dessen Mutter brachte. Das Geschenk wurde auf dem Boden vor dem Kind abgestellt, und Kind und Mutter wurden in standardisierter Weise aufgefordert, das Geschenk auszupacken. Die Aufforderung

---

[1] Für eine genauere Beschreibung der Gesamtuntersuchung und deren Ergebnisse wird auf bereits publizierte Literatur verwiesen – z. B. Rauh, H., Dillmann, S., Müller, B. & Ziegenhain, U. 1995; Rauh, H. & Ziegenhain, U. 1996; Rauh, H., Ziegenhain, U. & Müller, B. 2000; Simó, S., Rauh, H. & Ziegenhain, U. 2000; Ziegenhain, U., Müller, B. & Rauh, H. 1996; Ziegenhain, U., Rauh, H. & Müller, B., 1998 – an dieser Stelle wurden nur Informationen wiedergegeben, soweit sie für diese Untersuchung von Bedeutung sind.
[2] Die Dauer des Bandes und somit auch die Dauer der Aufnahme können sich aus technischen Gründen ja nach Band unterscheiden (± 20 Sekunden).

wurde so gestaltet, dass die Natürlichkeit der Situation nicht beeinflusst wurde (siehe Anhang A). Nach der Übergabe des Geschenkes verließ der Versuchsleiter den Raum. Mutter und Kind waren von diesem Zeitpunkt bis zum Ende der Situation auf sich selbst gestellt. Die Untersuchungssituation endete mit dem Ende des Filmbandes.

Da die Aufnahme zu Hause stattfand, konnte es auch vereinzelt vorkommen, dass die Untersuchungssituationen durch andere, nicht kontrollierbare Faktoren gestört bzw. unterbrochen wurden oder sich unterschiedlich gestalteten. Dies konnte ein Telefonanruf, die Beschäftigung mit anderen Objekten als dem Geschenk oder ein kurzzeitiges Verlassen des Untersuchungsraumes durch einen der Interakteure sein. Hierbei handelt es sich aber nur um vereinzelte Fälle. Insgesamt gab es während aller Aufnahmesituationen keine Unterbrechungen oder Störungen, welche die Natürlichkeit und Vergleichbarkeit der Aufnahmen infrage gestellt hätten.

2.3   Materialien

2.3.1   Das Geschenk

Das überreichte Geschenk bestand aus einer roten, runden Pappschachtel mit einem Durchmesser von etwa 60 cm und einer Höhe von etwa 30 cm (Abbildung 3). Die Geschenkebox war mit einem roten Deckel verschlossen, sodass Mutter und Kind nicht hineinschauen konnten. Der Deckel reichte über die Schachtel hinaus und konnte so mit einer Hand leicht geöffnet werden. In der Schachtel befanden sich sechs weitere Geschenke (Holzeisenbahn, Glockenspiel, Softball, Anstecknadel, Holzpuzzle, Fingerpuppen). Alle Geschenke bis auf die Holzeisenbahn waren in Geschenkpapier verpackt. Die Geschenke waren so verpackt, dass die Kinder in der Lage waren, die Geschenke selbstständig auszupacken. An der Verpackung des Softballes war zusätzlich ein etwa 60 cm langes Band angebracht, das aus der Schachtel herausragte und mit einem Luftballon verbunden war. Der Luftballon war mit dem Namen des Kindes und den Worten: "Vielen Dank (Name des Kindes)" beschriftet. Die Schachtel war auf standardisierte Weise gepackt sowohl die Anordnung der Objekte innerhalb der Schachtel als auch die Geschenkobjekte waren immer die gleichen. Die Holzeisenbahn wurde zuerst in die Schachtel gelegt. Der Softball lag an der obersten Stelle gefolgt von den „Fingerpuppen". Das „Glockenspiel" und das „Holzpuzzle" waren seitlich zu den „Fingerpuppen" gelegt worden. Aufgrund der geringen Größe befand sich das Geschenk „Anstecknadel" meist auf dem Boden der Schachtel. Die Mütter wurden zu Beginn der Situation darüber aufgeklärt, dass das Kind die Geschenke behalten darf, die Schachtel aber vom Untersuchungsteam wieder mitgenommen werde (*Anhang A*).

Abbildung 3: Die Geschenksituation

Bild 1: Die Geschenkübergabe mit roter Geschenkebox (Versuchsleiterin links und Mutter und Kind rechts im Bild). Bild 2: Mutter und Kind mit der ausgepackten Geschenkebox mit den Geschenken „Holzpuzzle", „Glockenspiel" (Box), „Zug" und „Softball". Bild 3: Mutter und Kind im Spiel mit dem „Holzpuzzle" (links das „Glockenspiel"). Bild 4: Mutter und Kind im Spiel mit den „Fingerpuppen".

2.3.2 Geschenk: Holzeisenbahn

Das Geschenk „Holzeisenbahn" bestand aus einer Holzlokomotive und drei Holzeisenbahnwaggons. Die Eisenbahn war im Gegensatz zu allen anderen Geschenken nicht nochmals verpackt worden. Die Waggons waren einmal mit zwei und zweimal mit drei Holzstiften ausgerüstet. Für die Holzstifte gab es entsprechende Holzklötze und Holzscheiben in unterschiedlichen Formen und Farben, die auf die Holzstifte gesteckt werden konnten. Die Waggons und die Lokomotive konnten miteinander verbunden werden (Abbildung 3).

2.3.3 Geschenk: Glockenspiel

Das Geschenk „Glockenspiel" war in einer Pappschachtel mit Geschenkpapier verpackt. Das Geschenkpapier war an den Ecken mit Tesafilm befestigt. In der Schachtel waren zwei Holzstäbe auf dem Boden der Schachtel befestigt, um dem Instrument einen besseren Klang zu ermöglichen. Das Instrument war mit festen Metallplättchen bestückt, und in der Pappschachtel war der entsprechende Plastikschläger beigelegt (Abbildung 3).

2.3.4 Geschenk: Softball

Bei dem Geschenk „Softball" handelte es sich um einen gelben Softball in der Größe eines Tennisballes. Er war mit Geschenkpapier in Form eines großen Bonbons verpackt, das durch Aufdrehen des Geschenkpapiers geöffnet werden konnte. An einer der zwei Seiten war ein Band befestigt, das mit dem Luftballon verbunden war, sodass der Softball von dort nicht durch einfaches Aufdrehen des Geschenkpapiers geöffnet werden konnte (Abbildung 3).

2.3.5 Geschenk: Anstecknadel

Das Geschenk „Anstecknadel" hatte die Größe einer handelsüblichen Brosche (Ø etwa 5-6 cm.) und war mit Geschenkpapier bonbonartig verpackt. Auf der Vorderseite der Brosche befand sich das Motiv einer Schildkröte, das der Anstecknadel seine Form gab. Auf der Rückseite war eine Sicherheitsnadel befestigt, um die Anstecknadel an einem Kleidungsstück anheften zu können (Abbildung 3).

2.3.6 Geschenk: Holzpuzzle

Das „Holzpuzzle" (bzw. „Holzlegespiel") war in einer Schachtel mit einem transparenten Deckel verpackt. Der Deckel war mit einem kleinen Tesafilm-Streifen auf zwei Seiten leicht befestigt. Die Schachtel war mit Geschenkpapier verpackt und mithilfe eines Tesafilms an den Ecken befestigt. Das Puzzle bestand aus mehreren quadratischen Holzkarten (etwa 16 cm²), die jeweils mit 2 unvollständigen Motiven bedruckt waren. Legte man die Holzkarten in eine Reihe, ergaben sich unterschiedliche Motive (z. B. Elefant, Baum, Auto etc.; Abbildung 3).

2.3.7 Geschenk: Fingerpuppen

Das Geschenk „Fingerpuppen" bestand aus drei Stoffpuppen, die man sich auf den Finger stecken konnte. Sie waren etwa sechs bis acht cm groß und passten auf den Finger eines Erwachsenen. Die Puppen waren zweimal als blondes Mädchen und einmal als Junge gestaltet. Alle drei Puppen waren zusammen in Geschenkpapier verpackt. Die Verpackung war in Form einer Tüte gestaltet und am oberen Ende war das Papier zweimal eingeschlagen. Die Verpackung konnte durch zweifaches Umfalten geöffnet werden (Abbildung 3).

2.4 Vorbereitung der Videobänder für die Verhaltensanalyse

Für die Quantifizierung der beobachtbaren Verhaltensweisen wurde das „*sequence sampling*" nach Altmann (1974) verwendet. Bei dieser Art der zeitlichen Einteilung des Videomaterials werden die zu untersuchenden Filmaufnahmen mithilfe konkreter Verhaltensweisen bzw. Situationen zeitlich unterteilt. Eine Beobachtungseinheit beginnt danach, wenn eine bestimmte Interaktionssequenz startet, und sie endet, wenn diese Interaktionssequenz endet (Faßnacht, 1995). Der Beobachtungszeitraum wird also nicht durch die Zeit, sondern durch eine konkrete Situation oder eine konkrete Interaktionssequenz bestimmt. Die Verwendung einer Interaktionssequenz ermöglicht es, Verhalten auf natürliche Weise zu quantifizieren, ohne natürliche Beobachtungseinheiten zu teilen oder zu entfremden (ebd.). In der vorliegenden Untersuchung wurde als bestimmende Interaktionssequenz die jeweilige Geschenksituation verwendet. Eine Beobachtungseinheit beginnt danach mit dem Zeitpunkt des Herausnehmens des betreffenden Geschenkes aus der roten Geschenkebox und sie endet, sobald das Kind die Beschäftigung mit diesem Geschenk beendet hat. Gesonderte Kriterien wurden für die Zeit bis zur Geschenkübergabe („Vorlauf") und für die Geschenkübergabe selbst gewählt. Die Situation „Geschenkübergabe" beginnt mit dem ersten Sichtkontakt zur geschenkübergebenden Person mit dem Geschenk und sie endet, sobald das Kind das erste Geschenk in der roten Schachtel ergreift. Als Zeit bis zur Geschenkübergabe („Vorlauf") galt der Zeitraum von Beginn der Videoaufnahme bis zum ersten Sichtkontakt zum Versuchsleiter und dem Geschenk. Folglich ergeben sich für die Zeit ab der Geschenkübergabe, die Geschenkübergabe-Situation mit dem noch geschlossenen Paket und die sechs Geschenke sieben Beobachtungseinheiten (5 + 1 + 1). Tabelle 2 gibt die durchschnittliche Dauer der einzelnen Beobachtungseinheiten wieder;

Das Geschenk „Anstecknadel" packten nicht alle Mutter/Kind-Paare aus (69,2 %, n = 18). Aufgrund der geringen Beschäftigungsbeteiligung wurde diese Situation daher für die Untersuchung der emotionalen Reaktionen von Mutter und Kind ausgeschlossen. Die Interaktionssequenz „Vorlauf" weist drei fehlende Werte auf, da in diesen Fällen die Aufzeichnung mit der Situation „Geschenkübergabe" (erster Sichtkontakt zum Versuchsleiter und Geschenk) begann. Für die Untersuchung der emotionalen Reaktionen ist die Vorlaufsituation aber ohne Bedeutung und wurde ebenfalls ausgeschlossen, da hier keine Geschenke und somit keine emotionalen Reaktionen aufgrund der Geschenke vorkommen. (Tabelle 3). Zwar waren die Geschenke alle auf die gleiche Art in der Schachtel angeordnet, die Auspackungsreihenfolge unterschied sich aber von Kind zu Kind. Durch das „sequence sampling" und die Einteilung nach Interaktionssequenzen bzw. Situationen entstanden sehr heterogene Zeitintervalle (6-490 Sekunden). Mögliche Auswirkungen auf die Analyse wurden überprüft (Tabelle 2). Häufigkeit und Intensität der Verhaltensweisen von Mutter und Kind unterschieden sich nicht zwischen der sechssekündigen Situation und Situationen mit längerer Dauer.

Tabelle 2: Anzahl und Dauer der Situationen in Sekunden

Situationen	N	Mittelwert	SD	Minimum	Maximum
Vorlauf	23	32.70	16.39	11	74
Geschenkübergabe	26	60.08	39.84	24	188
Zug	26	179.85	176.22	6	674
Holzpuzzle	26	137.81	98.43	26	490
Glockenspiel	25	154.28	89.53	28	394
Fingerpuppen	25	110.72	59.54	38	250
Ball	26	69.00	42.49	10	205
Anstecknadel	18	89.72	47.34	29	208
Gesamt	24,4*	105.68*	98.14*	6	674

* = Mittelwerte.

Tabelle 3: Dauer des gesamten Beobachtungszeitraumes (Angabe in Sekunden ohne Freispielsituationen)

	N	Mittelwerte	SD	Min-Max
Alle Situationen	24.4	792.58	276.98	376 - 1327
Ohne Situationen „Vorlauf" und „Anstecknadel"*	25.6	701.54	264.98	300 – 1293

* = Dieser Untersuchung zugrunde liegende Beobachtungszeit

Da sich die Kinder und ihre Mütter nicht immer mit einem Geschenk nach dem anderen beschäftigten, sondern auch zu Geschenken zurückkehrten oder Geschenke miteinander kombinierten, entstanden weitere Beobachtungseinheiten. Diese Situationen wurden als „Freispiel" bezeichnet und gingen nicht in die Datenanalyse ein (Abbildung 4).

Das Ziel dieser Untersuchung ist ja das Erfassen der emotionalen Reaktionen von Mutter und Kind in einer Geschenksituation. Die Freispielsituationen enthalten aber keine Informationen zu den unmittelbaren emotionalen Reaktionen von Mutter und Kind auf die Geschenke. Sie lassen sich qualitativ durch ihren eher „alltäglichen" Interaktionscharakter von den Geschenksituationen mit dem Charakter einer unbekannten und emotional stark positiven Situation trennen. Außerdem wurden die Interaktionen der Mutter/Kind-Paare in der jeweiligen Geschenksituation bereits berücksichtigt (aufgrund des „sequence samplings").

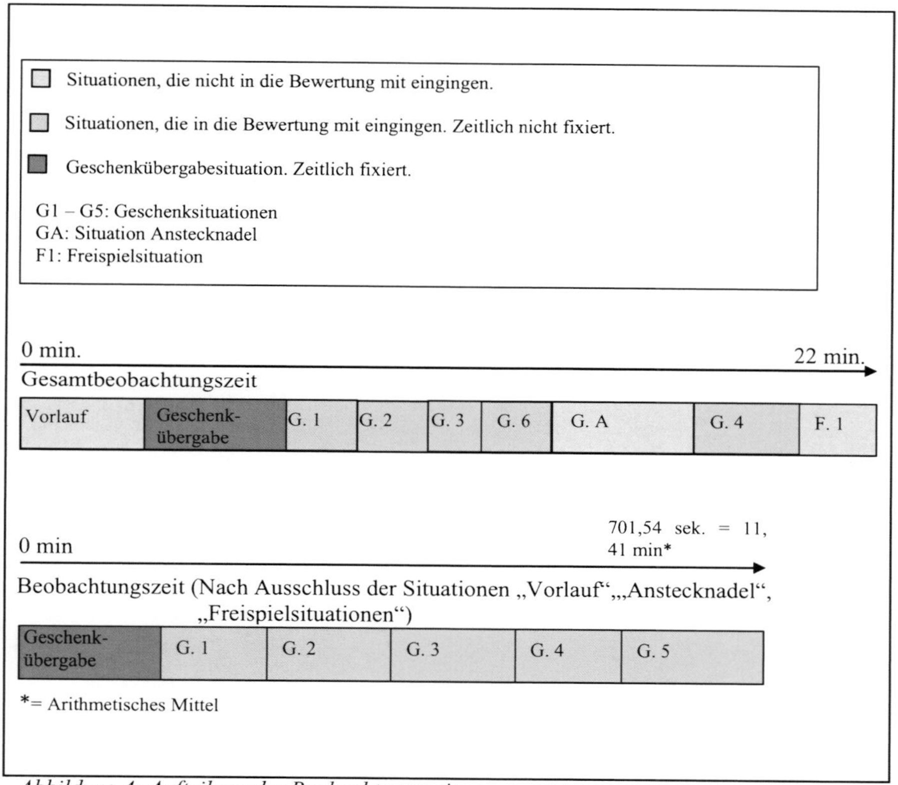

Abbildung 4: Aufteilung der Beobachtungszeit

Die Freispielsituationen können daher auch als eine Wiederholung der bereits erfassten Interaktionseinheiten verstanden werden.

Auch wenn diese Freispielsituationen für die Fragestellung inhaltlich keine zusätzlichen Informationen bieten, sind sie doch in ihrer Häufigkeit und dem zeitlichen Ort ihres Auftretens für die Bewertung der gesamten Aufnahmesituation von Bedeutung. Wie Tabelle 4 veranschaulicht, kamen bei 24 der 26 Paare solche Freispielsituationen vor.

Der Großteil der Videoaufnahmen (23 Fälle) beinhaltete eine oder zwei Freispielsituationen. Da sich die Mutter/Kind-Paare in der Anzahl der Interaktionssequenzen unterscheiden, wurde für die Bestimmung der Positionen der Freispielsituationen bei jedem Mutter/Kind-Paar davon ausgegangen, dass insgesamt acht Interaktionssequenzen vorhanden sind. Einem Geschenk mit der letzten Position in der Auspack- und Beschäftigungsreihenfolge wurde folglich die Position 8 zugeordnet. Die meisten Freispielsituationen fanden am Ende aller Beobachtungssequenzen statt. Dies gilt auch für Fälle, die mehr als eine Frei-

45

spielsituation aufweisen. Hier befanden sich die weiteren Freispielsituationen ebenfalls auf den hinteren Positionen der Beobachtungssequenzen.

Die relativen Positionen der Freispielsituationen untermauert die Schlussfolgerung, dass diese Beobachtungssequenzen den Geschenksituationen keine zusätzlichen Informationen bieten und im Wesentlichen eine Wiederholung bereits erfasster Interaktionen darstellen.

Tabelle 4: Häufigkeiten und relative Position der Freispielsituationen

| | Anzahl der Eltern-Kind/Paare mit Freispiel-situationen (N) | Dauer der Freispielsituationen | | | Zeitliche Positionen der Freispiel-situation (Median*) | Zeitliche Positionen der Freispiel-situation (Modalwert) |
		MW	SD	Min-Max		
Fälle mit einer Freispielsituation	12	529.67	274.12	124 - 854	8	8
Fälle mit zwei Freispielsituationen	11	265.46*[2]	122.85	90.5-420.5	8*[3] 5.5*[3]	8*[3] 6*[3]
Fälle mit drei Freispielsituationen	1	318	-	-	-	8 6 4
Fälle ohne Freispielsituationen	2	-	-	-	-	-
Gesamt	24	399.75	245.40	854	8	8

*= Die letzte Position einer Situation wurde für alle Fälle mit der Position 8 definiert. Die zuvorkommenden Positionen sind im relativen Bezug dazu zu betrachten.
*[2] = Mittelwert basiert auf den durchschnittlichen Zeiten der Situation je Fall.
*[3]= Die Positionen für Fälle mit zwei Freispieleinheiten wurden zweimal erfasst: Einmal für Freispielsituationen, die am Ende der Beobachtungszeit vorkommen (erstgenannter Wert) und ein zweites Mal für die Freispielsituationen, die nicht am Ende der Beobachtungszeit vorkommen (zweitgenannter Wert). Modalwert und Median für die Gesamtwerte basieren nur auf den Freispielsituationen, die sich am Ende des Beobachtungszeitraumes befinden (erstgenannte Werte).

2.5 Messinstrumente

Für die Auswertung der Beobachtungssequenzen wurden Einschätzskalen (Einschätzskalen und Beobachtungskategorien zur Bewertung der emotionalen Reaktionen von Mutter und Kleinkind in einer Geschenksituation) entwickelt, um die emotionalen Reaktionen von Mutter und Kind in der Geschenksituation erfassen zu können. Der Entwicklung der Skalen ging eine gründliche Literaturrecherche voraus, um bereits existierende Messinstrumente zu finden, die in der Lage sind, die emotionalen Reaktionen von Mutter und Kleinkind in einer Geschenksituation umfassend abzubilden. Insgesamt wurden aber keine Skalen, Indexsysteme oder Kategoriensystem gefunden, die in der Lage gewesen wären, die Gesamtheit der hier beobachteten Verhaltensweisen abzubilden und um der Fragestellung gerecht zu werden. Bei einigen der entwickelten Einschätzskalen konnten bereits existierende Skalen als Vorlage genutzt werden (siehe Kapitel 2.5.1.3 Einschätzskalen). Für die Erfassung der mütterlichen Sensitivität wurde die fünfstufige Sensitivitätsskala von Ainsworth et al. (1971) verwendet[3]. Die Sensitivität der Mütter wurde in einer Wickelsituation erfasst, als das Kind 12 Monate alt war. Diese Daten lagen bereits vor. Nachfolgend sollen die Messinstrumente näher erläutert werden.

2.5.1 Einschätzskalen und Beobachtungskategorien zur Bewertung der emotionalen Reaktionen von Mutter und Kleinkind in einer Geschenksituation

2.5.1.1 Skalengewinnung und Entwicklung

Die oberste Priorität bei der Gewinnung von Skalen war es, die Verhaltensweisen des Kindes und der Mutter erschöpfend und in ihrer vollen Natürlichkeit zu erfassen, um möglichst authentische Ergebnisse erzielen zu können. Für die Gewinnung der Skalen wurde daher eine induktiv-deduktive Vorgehensweise gewählt. D. h., die Skalen wurden sowohl direkt aus den Videomaterialien (induktiv) als auch theoriegeleitet (deduktiv) entwickelt (Faßnacht, 1995).

Ausgangspunkt für die Gewinnung der Skalen waren drei Fälle aus der verwendeten Teilstichprobe des Anpassungsprojektes (Abbildung 5). Die Auswahl der Fälle wurde durch den Zufall bestimmt. Die vorliegenden Beobachtungssequenzen wurden zunächst transkribiert und anschließend entsprechend ihren Inhalten kategorisiert.

Die Festlegung des Auflösungsgrades bzw. der Analysierbarkeit ist von besonderer Bedeutung bei der Gewinnung der Skalen, da sie schon vor der eigentlichen Skalengewinnung Grenzen und Möglichkeiten der zu beobachtbaren Verhaltensweisen festlegt (Faßnacht, 1995). Es wurde daher darauf geachtet, den Auflösungsgrad bereits zu Beginn der Skalengewinnung zu definieren. Für die Registrierung der Beobachtungseinheiten wurde ein grober Auflösungsgrad gewählt. Faßnacht (1995) spricht hierbei von einer „mannigfaltigen Beobachtungseinheit", was „das In-sich-Geschlossene, das, was in sich zwar different ist, aber zu einem Ganzen zusammensteht" meint (Faßnacht, 1995, S.115). Registriert wurden somit keine einzelnen Bewegungen, sondern es wurde versucht Verhalten in seiner Gesamtheit zu registrieren.

Die Kategorisierung bzw. Gruppierung fand nach inhaltlichen Kriterien statt. Die registrierten Beobachtungseinheiten wurden nach Gemeinsamkeiten hinsichtlich ihrer Struktur, ihres Inhaltes geordnet und zu Kategorien ausdifferenziert. Aus diesem Prozess der Trans-

---

[3] In der Übersetzung von Grossmann (1977).

kription und Kategorisierung entstanden insgesamt 18 Kategorien mit ihren entsprechenden Ausprägungen. Dieser Prozess der induktiven Skalengewinnung wurde durch eine deduktive Vorgehensweise ergänzt. Mithilfe bereits publizierter Skalen und Beobachtungssystemen wurden die Kategorien und ihre Ausprägungen ergänzt und erweitert. Zusätzlich wurde ein Brainstorming durchgeführt, um die ganze Spannbreite an möglichen Skalen und deren Einheiten auszuschöpfen. Brainstorming ist eine Kreativitätstechnik mit dem Ziel so viele Ideen wie möglich aufgrund von bestimmten Ausgangsstichpunkten zu entwickeln. Als Ausgangspunkt für das Brainstorming wurden sieben Dimensionen (emotionale Befindlichkeit, emotionale Harmonie, Kooperation, Interaktionsstruktur, physische Dimension, Sprache und Kontrolle), die sich aus dem Prozess der Kategorisierung bildeten, gewählt. Die dadurch gefundenen Einheiten bestärkten die bereits induktiv gewonnenen Kategorien und führten zu keinem neuen Ergebnis.

Aus den 18 Kategorien wurden anschließend zehn Kategorien zur Bewertung der Geschenksituation ausgewählt. Bei der Auswahl wurden Kategorien bevorzugt, die im direkten Zusammenhang mit den unmittelbaren emotionalen Reaktionen von Mutter und Kind standen. Die zehn Kategorien wurden anschließend an zehn Fällen der vorliegenden Stichprobe ergänzt, verfeinert und überprüft. Dieser letzte Schritt der Kategoriengewinnung sollte sicherstellen, dass sich die entwickelten Kategorien im Prozess der Gruppierung nicht vom Beobachtungsgegenstand gelöst haben. Von den zehn Kategorien wurde schließlich eine Kategorie („Verhaltensreaktionen des Kindes") aufgrund mangelnder Trennschärfe ausgeschlossen. Insgesamt entstanden somit neun Kategorien.

Aus sechs der neun Kategorien wurden Einschätzskalen und aus den restlichen drei Kategorien wurden Beobachtungskategorien gebildet. Die Einschätzskalen bzw. *Ratingskalen* haben ein Ordinalskalenniveau, das in den meisten Fällen einem Intervallskalenniveau nahekommt und rechnerisch als solches behandelt wird (Bortz & Döring, 2002). Für die numerische Repräsentation der Beobachtungskategorien musste hingegen auf ein nominales Messniveau zurückgegriffen werden. Die Auswahl der numerischen Repräsentation folgte inhaltlichen Kriterien. So konnten bei den Beobachtungskategorien „Wer packt aus?" und „Wer initiiert die Beschäftigung mit dem Geschenk?" keine Ausprägungsunterschiede in Form einer Ordinalskala oder Intervallskala gefunden werden. Entweder wird das Geschenk von der Mutter oder vom Kind ausgepackt. Das Merkmal „Mutter" ist hier weder stärker noch schwächer ausgeprägt als das Merkmal „Kind". Der Ausprägungsgrad der Einschätzskalen wurde nach den Dimensionen „sachlich" bis „emotional" angeordnet. Bei der numerischen Repräsentation wurden Zahlenwerte von eins (kleinster erreichbarer

Wert, „sachlich") bis maximal sieben (höchster erreichbarer Wert, „emotional") zugeordnet. Die Stufenanzahl der einzelnen Skalen unterscheidet sich nach dem einzuschätzenden Verhalten und folgte dem Anspruch, das Verhalten so adäquat als möglich abzubilden.

Bis auf die Skalen „Emotionale Reaktionen der Mutter" und „Emotionale Reaktionen des Kindes" sind alle Skalen sequenzspezifisch und beziehen sich nur auf die jeweilige Beobachtungssituation. Die Skalen „Emotionale Reaktionen der Mutter" und „Emotionale Reaktionen des Kindes" sind hingegen punktgerichtet und beziehen sich auf die erste Reaktion der Mutter bzw. des Kindes auf das jeweilige Geschenk. Bei den Kindern wurden die emotionalen Reaktionen in einem Zeitfenster von 20 Sekunden bewertet. Grund dafür waren die häufig verzögerten emotionalen Reaktionen. Bei den Müttern wurde hingegen nur die erste zu registrierende Reaktion gewertet.

Insgesamt wurden sieben emotionale Reaktionen auf die Geschenke bewertet. Fünf emotionale Reaktionen bezogen sich auf die fünf Geschenke Zug, Fingerpuppen, Ball, Holzpuzzle, Glockenspiel, eine emotionale Reaktion auf das Öffnen des gesamten Geschenkes (rote Geschenkschachtel) und eine weitere emotionale Reaktion von Mutter bzw. Kind bezog sich auf den ersten Sichtkontakt mit der Geschenkebox bei der Überreichung.

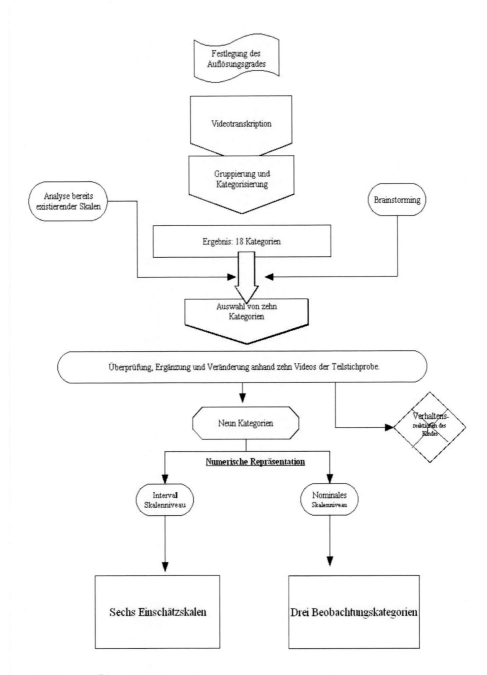

Abbildung 5: Übersicht Skalengewinnung

2.5.1.2 Beobachtungskategorien

2.5.1.2.1 Kategorie I: Wer steht im Mittelpunkt des Geschehens?

Tabelle 5: Wer steht im Mittelpunkt des Geschehens?

Kind unabhängig
Kind
Gleichberechtigte Partner
Selbst (Mutter)

Kategorie I erfasst die tendenzielle Fähigkeit der Mutter, die Geschenksituation als eine Situation für das Kind aufzufassen, in der sie selbst unterstützend tätig ist, ohne sich dabei selbst zum Mittelpunkt der Situation zu machen (Tabelle 5). Mütter, die dazu in der Lage sind, werden der Kategorie „Kind" zugeordnet. Mütter, die sich selbst in den Mittelpunkt der Situation drängen und bei denen das eigene Interesse an den Geschenken größer ist als die kindlichen Interessen, werden der Kategorie „Selbst" zugeordnet. Mütter, die ihre Kinder wenig unterstützen und mit ihren Geschenken mehr oder weniger alleine lassen, werden der Kategorie „Kind unabhängig" zugeordnet. Insgesamt handelt es sich bei der Kategorie um Tendenzen der Mutter. Dies führt dazu, dass die Mütter bereits bei kleinsten Anzeichen einer bestimmten Kategorie zugeordnet werden. Diese Sensitivität der Kategorie war nötig, um in dieser freudigen Geschenksituation eine Trennschärfe erzielen zu können (vgl. Anhang B).

2.5.1.2.2 Kategorie II: Wer packt aus?

Tabelle 6: Wer packt aus?

Kind alleine
Kind
Gemeinsam
Mutter
Mutter alleine

Kategorie II erfasst, wer das jeweilige Geschenk auspackt (Tabelle 6). Packt das Kind oder die Mutter das Geschenk vollständig alleine aus, wird das Verhalten der Unterkategorie „Kind alleine" oder „Mutter alleine" zugeordnet. Packt das Kind das Geschenk überwiegend alleine aus, wird das Verhalten der Kategorie „Kind" zugeordnet. Sind Mutter und Kind gleich stark am Auspackungsprozess beteiligt, wird das Verhalten der Kategorie „Gemeinsam" zugeordnet (vgl. Anhang B).

2.5.1.2.3 Kategorie III - Wer initiiert die Beschäftigung mit dem Geschenk?

Tabelle 7: Wer initiiert die Beschäftigung mit dem Geschenk?

Kind
Gemeinsam
Mutter

Kategorie III erfasst, wer die Beschäftigung mit dem Geschenk initiiert (Kind, beide ge-meinsam oder Mutter; Tabelle 7). Festgehalten wird somit nicht, wer das Geschenk zuerst auspackt, sondern wer als Erstes nach einem Geschenk greift, oder die Aufmerksamkeit sprachlich auf ein neues Geschenk lenkt, das schließlich zum Auspacken und zur Beschäf-tigung mit dem Geschenk führt (vgl. Anhang B).

2.5.1.3 Einschätzskalen

2.5.1.3.1 Skala Ia und Skala Ib: Emotionale Reaktionen der Mutter und des Kindes

Tabelle 8: Emotionale Reaktionen der Mutter und des Kindes

Skala Ia: Mutter	Skala Ib: Kind
Emotional positiv	
6 = Fröhlich-überrascht	7 = Fröhlich-überrascht
5 = Freundlich-überrascht	6 = Erfreut
4 = Emotional-überrascht	5 = Freundlich-überrascht
	4 = Neutral-überrascht
Emotional negativ	
3 = Neutral-überrascht	3 = Neutral
2 = Sachlich-neutral	2 = Keine Reaktion
1 = Keine Reaktion	1 = Ängstlich-zurückhaltend

Skala Ia Emotionale Reaktionen der Mutter: Skala Ia erfasst die erste registrierbare emotionale Reaktion der Mutter auf das Geschenk (Tabelle 8). Die Skala besteht aus zwei zusammengefassten Dimensionen: Freude und Überraschungsverhalten. Die Emotionen der Mutter werden anhand des Gesichtsausdruckes, der Mimik, der Stimme als auch anhand der sprachlichen Inhalte gemessen. Für die Einschätzung des Überraschungsverhaltens ist die verbale Reaktion der Mutter maßgeblich verantwortlich. Diese wird durch die Mimik als auch die Stimmlage unterstützt. Sowohl das Überraschungsverhalten als auch die Intensität des emotionalen Ausdruckes sind die Grundlage für die Einschätzung der emotionalen Reaktionen. Das Kontinuum der Skala verläuft von einem deutlichen Überraschungsverhalten mit einem fröhlichen Gesichtsausdruck und einer emotional warmen Stimme mit positivem verbalem Inhalt bis zum gänzlichen Fehlen einer Reaktion. Insgesamt umfasst die Skala sechs Stufen. Drei dieser Stufen können als „emotional" bezeichnet werden („fröhlich-überrascht", „freundlich-überrascht" und „emotional-überrascht") und weitere drei Stufen als „sachlich" („neutral-überrascht", „sachlich-neutral" und „keine Reaktion"). Eine nähere Beschreibung der Stufen befindet sich im Anhang B.

Skala Ib: Emotionale Reaktionen des Kindes: Skala Ib erfasst die unmittelbare emotionale Reaktion des **Kindes** auf das jeweilige Geschenk (Zeitraum: 20 Sekunden; Tabelle 8). Wie auch bei der Einschätzung der emotionalen Reaktionen der Mutter beinhaltet die Skala Ib die Dimensionen Freude und Überraschungsverhalten. Insgesamt besteht die Skala aber aus sieben Stufen, die sich auch inhaltlich von der erstgenannten Skala unterscheiden. Die Stufen „fröhlich-überrascht" und „freundlich-überrascht" mussten im letzten Schritt der Skalengewinnung durch die Stufe „erfreut" ergänzt werden. Bei der Überprüfung der Skalen wurde festgestellt, dass Kinder ihre unmittelbare Freude und Überraschung häufig nur nonverbal in ihrer Mimik und in ihrem Verhalten ausdrücken. Zusätzlich lassen sich bei den Kindern auch ängstliche Reaktionen finden (Stufe 1). Meistens wird diese Reaktion durch ein konkretes Verhalten begleitet: „zurückschrecken oder zögerliche Annäherung". Stufe 2 wurde ohne den Zusatz „sachlich" als „neutral" bezeichnet. Die Reaktionen der Kinder sind hier ebenfalls meist nonverbaler Natur und weisen im Vergleich zu den emotionalen Reaktionen der Mütter keine sachliche Tendenz auf.

Die Stufen 7 bis 4 bezeichnen emotional positive Reaktionen und die Stufen 3 bis 1 emotional negative und sachliche Reaktionen (vgl. Anhang B).

2.5.1.3.2 Skala II: Emotionales Klima

Tabelle 9: Emotionales Klima

Emotional warm
5 = sehr warm
4 = warm
Emotional kalt
3 = neutral
2 = kalt
1 = sehr kalt

Skala II erfasst die vorherrschende emotionale Atmosphäre während der einzelnen Interaktionssequenzen (Skala II und die folgenden Skalen III, IV, V, VI und die Beobachtungskategorien beziehen sich auf eine gesamte Beobachtungssequenz; Tabelle 9). Das emotionale Klima ergibt sich aus:

1. den registrierbaren Gefühlsregungen von Mutter und Kind (Körperbewegungen und -spannung)
2. der Mimik und Gestik der Mutter und des Kindes
3. der Tonlage der mütterlichen Stimme und den sprachlichen Inhalten
4. der Häufigkeit und Intensität des kommunikativen Austausches
5. und aus der Intensität des beidseitigen Genusses der Interaktion.

Da es sich bei der gesamten Beobachtungssequenz um eine emotional sehr positive und nicht um eine alltägliche Situation handeln sollte, wurde die Skala entsprechend darauf abgestimmt. Ein neutrales Klima ist demnach als bereits unangemessen negativ für eine Geschenksituation anzusehen. Die Stufen 5 bis 4 wurden als emotional warm bezeichnet, die Stufen 3 bis 1 als emotional kalt (vgl. Anhang B).

2.5.1.3.3 Skala III: Mütterliche Verbalisierung von Gefühlen des Kindes

Skala III erfasst die Fähigkeit der Mutter, die Gefühls- oder Bedürfnisäußerungen des Kindes zu verbalisieren (Tabelle 10). Diese Skala wurde von *Ziegenhain, Klopfer, Dreisöner* und *Rauh* (1992) übernommen und verändert. Sie wurde um eine vierte Stufe erweitert, um den häufigen stimmhaften emotionalen Begleitungen der Mutter in der Geschenksituation gerecht zu werden. Zusätzlich wurde die Stufe 1 „Ignorieren" zu „Keine Reaktionen" verändert. Das Ignorieren von Verhaltensweisen ist immer ein aktiver Prozess, was bei den Müttern der Teilstichprobe nicht erkennbar war. Die Stufen 6 bis 4 wurden als emotional positive Verbalisierung und die Stufen 3 bis 1 als emotional negative Verbalisierung klassifiziert (vgl. Anhang B).

Tabelle 10: Mütterliche Verbalisierung von Gefühlen des Kindes

Emotional positiv
6 = Emotionale Spiegelung
5 = Verbale emotionale Begleitung
4 = Stimmhafte emotionale Begleitung
Emotional negativ
3 = Sachlich
2 = Keine Reaktion
1 = Zurückweisend

2.5.1.3.4 Skala IV: Förderung kindlichen Wohlbefindens

Tabelle 11: Förderung kindlichen Wohlbefindens

Fördernd
6= Ausführliche Bestätigung
5= Einfache Bestätigung
4= Ermutigung
Nicht fördernd
3= Keine Reaktion
2= Kritik
1= Abwertend/ablehnend

Skala IV erfasst die Fähigkeiten der Mutter, das Wohlbefinden des Kindes zu stärken und zu fördern (Tabelle 11). Die höchste Stufe 6 erzielen Mütter, die ihre Kinder in ausführlicher Weise loben. Mütter, die ihre Kinder durch ihre Aussagen abwerten und eine Ablehnung deutlich werden lassen, werden mit der Stufe 1 bewertet. Eine abwertende Aussage bezieht sich dabei immer auf die kindliche Person und eine kritische Aussage (Stufe 2) auf die kindlichen Handlungen. Die Stufen 6 bis 4 werden als positiv und als Förderung des kindlichen Wohlbefindens klassifiziert. Stufe 3 bis 1 werden als negativ und nicht förderlich für das kindliche Wohlbefinden gewertet. Die Stufe 3 hat eher einen neutralen Charakter, kann aber in einer Geschenksituation als negativ eingeschätzt werden. Insgesamt besteht die Skala aus sechs Stufen (vgl. Anhang B).

2.5.1.4 Skala V: Mütterliche Wertschätzung der Geschenke

Tabelle 12: Mütterliche Wertschätzung der Geschenke

Emotional
6 = Ausführliche empathische Wertschätzung
5 = Einfache empathische Wertschätzung
4 = Indirekte empathische Wertschätzung
Sachlich
2 = Indirekte sachliche Wertschätzung
3 = Sachliche Wertschätzung
1 = Keine Wertschätzung

Skala V erfasst die Fähigkeiten der Mutter, den Wert der Situation und der Geschenke für das Kind deutlich zu machen (Tabelle 12). Ähnlich wie in Skala IV wird Müttern, die ausführlich und empathisch reagieren, ein Rangplatz von sechs vergeben. Eine indirekte Wertschätzung (Stufe vier und zwei) besteht aus Aussagen der Mütter, die keine direkte Wertschätzung beinhalten, aber durch die sprachliche Betonung eine Schätzung des Geschenkes bzw. der Situation erkennen lassen. Der Stufe zwei werden zudem Aussagen zugeteilt, die ein Minimum an Wertschätzung enthalten, die aber in keiner Weise empathisch bzw. emotional sind, aber auch nicht als vollkommen fehlende Wertschätzung der Mutter eingeschätzt werden können. Insgesamt besteht die Skala aus sechs Stufen. Die Stufen sechs bis vier können als emotional positiv eingeschätzt werden und die Stufen drei bis eins als sachlich (vgl. Anhang B).

2.5.2 Sensitivitätsskala

Die 5-stufige Sensitivitätsskala von Ainsworth et al. (1971) in der Übersetzung von Grossmann (1977) erfasst das mütterliche Verhalten in den Dimensionen Wahrnehmung der kindlichen Signale, Interpretation des kindlichen Verhaltens, Promptheit der Reaktion und im Hinblick auf die Angemessenheit der mütterlichen Reaktion (Tabelle 13). Den höchsten Wert erzielen Mütter, die ausnehmend gut auf die kindlichen Signale eingestellt sind. Mütter, die als sensitiv eingeschätzt werden, erkennen die Signale des Kindes, sind in der Lage diese richtig zu interpretieren und reagieren prompt mit angemessenen Reaktionen. Mütter werden dann als nicht sensitiv eingeschätzt, wenn die eigenen Bedürfnisse die kindlichen Bedürfnisse überstimmen und die Mütter nicht oder nur selten auf die Signale des Kindes reagieren. Wenn nicht sensitive Mütter auf die Signale des Kindes reagieren, sind diese im Wesentlichen unangemessen, verzögert oder unvollständig (Anhang B).

Tabelle 13: Sensitivitätsskala

Sensitiv
9 = Sehr feinfühlig
7 = Feinfühlig
Nicht sensitiv
5 = Unbeständig feinfühlig
3 = Weniger feinfühlig
1 = Fehlende Feinfühligkeit

2.6   Gütekriterien

Da das Ziel dieser Arbeit die Prüfung der emotionalen Reaktionen von Mutter und Kind mithilfe eines neuen Messinstrumentes ist, ist eine Auskunft über die Konstruktvalidität der Skalen das primäre Ziel. Zur Prüfung der Validität der Skalen sollte sichergestellt werden, dass die Skalen sich voneinander unterscheiden und somit unterschiedliche Konzepte und Verhaltensarten messen. Sollten alle Skalen einen extrem hohen Korrelationskoeffizienten aufweisen (> 0.90), hätten sie keine unabhängige Existenzberechtigung und somit auch keine Gültigkeit. Sollte der Großteil der Skalen (> 50 %) keine signifikanten Korrelationskoeffizienten aufweisen, dann würden die Skalen unterschiedliche Konstrukte messen und besäßen folglich kaum Gültigkeit, um die emotionalen Reaktionen von Mutter und Kind einzuschätzen. Tabelle 14 gibt die Korrelationskoeffizienten für die Mutter-Skalen wieder.

Wie Tabelle 14 deutlich macht, weisen die Skalen Ia, II, III und V untereinander signifikante und substanzielle Korrelationen auf. Hingegen weist die Skala IV „Förderung des kindlichen Wohlbefindens" keine einzige signifikante Korrelation mit den anderen Skalen auf. Sie erfasst offenbar einen anderen Aspekt. Die Förderung des kindlichen Wohlbefindens gibt unmittelbare Auskunft über die Anteilnahme der Mutter an der Geschenksituation und ist als eine mütterliche Strategie zu betrachten dem Kind eine Geschenksituation als etwas Schönen und Einzigartiges zu vermitteln. Sie ergänzt die anderen Skalen und Kategorien und soll daher in die Analysen mit eingehen.

Reliabilität: Als vorläufige Reliabilitätsprüfung der Skalen wurden die bereits codierten Videos nach zwei Wochen vom Codierer stichprobenartig überprüft und recodiert. Bei der Überprüfung ergaben sich keine Abweichungen von der Erstcodierung. Es kann daher davon ausgegangen werden, dass die Skalen ein Minimum an Reliabilität besitzen. Eine Auswertung durch einen zweiten Codierer steht allerdings noch aus.

Tabelle 14: Interkorrelation der Mutter-Skalen

	Skala Ia: Emotionale Reaktionen der Mutter	Skala II: Emotionales Klima	Skala III: Verbalisierung von Gefühlen	Skala IV: Förderung kindlichen Wohlbefindens	Skala V: Mütterliche Wertschätzung
Skala Ia	-	-	-	-	-
Skala II	0.559**	-	-	-	-
Skala III	0.628**	0.513**	-	-	-
Skala IV	-0.063	-0.025	0.023	-	-
Skala V	0.567**	0.425*	0.668**	0.107	-

** = Signifikant .01 (two-tailed), N = 26

2.7 Datenbereinigung, Datenreduktion und Datenverwaltung

In zwei Fällen der Stichprobe wurden nicht alle Geschenke ausgepackt. Dies führte zu fehlenden Werten (aller Skalen und Beobachtungskategorien) bei den Geschenken „Glockenspiel" und „Fingerpuppen" (siehe auch Tabelle 2). Da es sich nur um zwei Fälle und zwei Situationen handelte, wurden die fehlenden Werte mit Schätzwerten aufgefüllt. Der jeweilige Schätzwert wurde aus der Häufigkeitsverteilung des jeweiligen Falles ermittelt (Mode). Eine Ausnahme bildete die Skala „Förderung kindlichen Wohlbefindens" in der Situation „Glockenspiel". Da das Glockenspiel einen hohen Aufforderungscharakter an die Bestätigungen der Mutter hat, wurde hier der Schätzwert aus dem Median der Reaktionen aller Fälle (auf diese Situation) ermittelt.

2.8 Angewendete Analyseverfahren

Für die Untersuchung der Hypothesen wurde eine Vielzahl unterschiedlicher Analyseverfahren verwendet. Für die Berechnung der Veränderung der emotionalen Reaktionen der Kinder und Mütter aufgrund der Geschenke bzw. Positionen der Geschenke wurden Varianzanalysen mit Messwiederholung verwendet (vgl. Kinnear & Gray, 2000; Cooligan, 2003). Für die Überprüfung von Geschlechtsunterschieden und der Veränderung der

Reaktion aufgrund der Geschenksituationen wurden zweifaktorielle Varianzanalysen mit Messwiederholung verwendet (vgl. Kinnear & Gray 2000; Clark-Carter, 2002; Bortz, 1999). Für die Berechnung des Zusammenhanges der Mutterskalen und den emotionalen Reaktionen der Kinder wurde eine multiple Regression verwendet (Lewis-Beck, 1987; Diehl und Staufenberg, 2001). Um den Einfluss der mütterlichen Sensitivität auf die mütterlichen und kindlichen emotionalen Reaktionen zu untersuchen, wurden zweifaktorielle Varianzanalysen mit Messwiederholung und multiple Regressionsanalysen verwendet (vgl. Kinnear & Gray 2000; Clark-Carter, 2002; Bortz, 1999).

Eine detaillierte Beschreibung der verwendeten Analyseverfahren und eine genaue Beschreibung der Faktoren und Variablen werden zu Beginn jeder Analyse im Ergebnisteil angegeben. Für alle Untersuchung wurde ein Signifikanzniveau von 0.05 festgelegt.

2.9 Verwendete Software und Technik

Für die Codierung der Videofilme wurde die Software Interact verwendet. Für das Codieren der S-VHS-Videos wurde eine Zeitcode-Koppelung verwendet. Für die Analyse der Daten wurden die Software SPSS 11 und 13 benutzt. Angaben zu der verwendeten Technik und Software der Gesamtstichprobe zur Erstellung der Videomaterialien sind in der bereits publizierten Literatur zum Anpassungsprojekt nachzulesen (Rauh, H., Dillmann, S., Müller, B. & Ziegenhain, U. 1995; Rauh, H. & Ziegenhain, U. 1996; Rauh, H., Ziegenhain, U. & Müller, B. 2000; Simó, S., Rauh, H. & Ziegenhain, U. 2000; Ziegenhain, U., Müller, B. & Rauh, H. 1996; Ziegenhain, U., Rauh, H. & Müller, B. 1998).

3   Ergebnisse

3.1   Beschreibung der Geschenksituation als emotional-kognitives Skript

3.1.1   Kategorie I: Wer steht im Mittelpunkt des Geschehens?

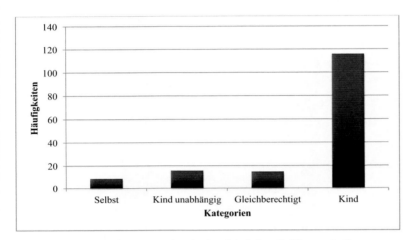

Abbildung 6: Wer steht im Mittelpunkt des Geschehens? (Kategorie 1)

Betrachtet man alle Geschenksituationen ungeachtet des spezifischen Geschenkes, dann wird deutlich, dass die Kinder primär im Mittelpunkt der Mutter/Kind-Interaktion standen (Abbildung 6, Tabelle 15). Eine Gleichberechtigung von Mutter und Kind sowie eine Unabhängigkeit des Kindes kam hingegen nur vereinzelt vor. Am wenigsten war zu beobachten, dass die Mütter sich selbst im Mittelpunkt des Geschehens sahen. Insgesamt war die Kategorie „selbst" nur bei insgesamt 3 Müttern zu finden (nicht aus Abbildung 6 abzulesen). Eine ähnliche Verteilung der Häufigkeiten spiegelt sich auch in den jeweiligen Geschenksituationen wider. Das Kind stand in allen Geschenksituationen im Mittelpunkt des Geschehens (Tabelle 16).

Tabelle 15: Beobachtungskategorie I , Häufigkeitsverteilung „Wer steht im Mittelpunkt des Geschehens?" (alle Situationen)

Kategorie I	Häufigkeiten
Selbst	9
Kind unabhängig	16
Gleichberechtigt	15
Kind	116
Gesamt	156
Median	4

Tabelle 16: Beobachtungskategorie I, Häufigkeitsverteilung „Wer steht im Mittelpunkt des Geschehens?" in den einzelnen Geschenksituationen.

	Geschenk-übergabe-situation	„Zug"	„Puzzle"	„Ball"	„Finger-pup-pen"	„Glocken-spiel"
Selbst	2	1	2	1	2	1
Kind unabhängig	1	4	4	2	0	5
Gleichberechtigt	2	3	3	2	3	2
Kind	21	18	17	21	21	18
Gesamt	26	26	26	26	26	26
Median	4	4	4	4	4	4

3.1.2 Kategorie II: Wer packt aus?

Aus Abbildung 7 und Tabelle 17 wird deutlich, dass Kinder („Kind") primär die Geschenke (mit Unterstützung durch die Mütter) auspackten. Gelegentlich kam es vor, dass Mütter und Kinder die Geschenke auch gemeinsam auspackten. Kinder packten zudem die Geschenke häufiger vollkommen alleine aus, als es die Mütter mit Unterstützung des Kindes („Mutter") oder ganz alleine taten („Mutter alleine"). Diese Verteilung spiegelt sich auch in den einzelnen Geschenksituationen wider. Allerdings packten Mütter die Geschenke ohne die Beteiligung des Kindes häufiger in der Geschenkübergabesituation (Öffnen der Geschenkebox) aus. Die Kinder packten hingegen den „Zug" am häufigsten alleine aus (Tabelle 18).

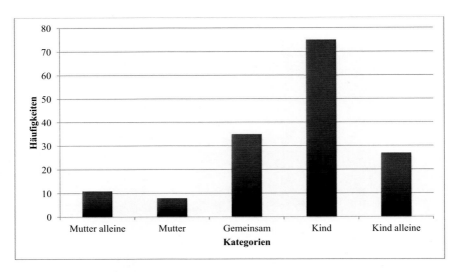

Abbildung 7: Wer packt aus? (Kategorie II)

Tabelle 17: Beobachtungskategorie II, Häufigkeitsverteilung „Wer packt aus?" (alle Situationen)

Kategorie II	Häufigkeiten
Mutter alleine	11
Mutter	8
Gemeinsam	35
Kind	75
Kind alleine	27
Gesamt	156
Median	4

Tabelle 18: Beobachtungskategorie II, Häufigkeitsverteilung „Wer packt aus?" in den einzelnen Geschenksituationen.

	Geschenk-übergabe-situation	„Zug"	„Puzzle"	„Ball"	„Finger-puppen"	„Glocken-spiel"
Mutter alleine	5	2	1	2	0	1
Mutter	1	2	2	1	2	0
Gemeinsam	2	2	9	8	5	9
Kind	14	11	11	12	17	10
Kind alleine	4	9	3	3	2	6
Gesamt	26	26	26	26	26	26
Median	4	4	4	4	4	4

3.1.3 Kategorie III: Wer initiiert die Beschäftigung mit dem Geschenk?

Aus Abbildung 8 wird deutlich, dass Kinder etwas häufiger als ihre Mütter die Initiative in der Beschäftigung mit den Geschenken ergreifen (Tabelle 19). Die Mütter initiieren aber fast eben so häufig wie die Kinder die Beschäftigung mit den Geschenken. Gelegentlich initiierten Mutter und Kind die Beschäftigung mit einem Geschenk gemeinsam. Bei den einzelnen Geschenken zeigten Kinder bei den Geschenken „Zug", „Fingerpuppen" und Glockenspiel die häufigste Initiierung einer Beschäftigung. Die Mütter hingegen ergriffen die Initiative meistens bei der Geschenkübergabe (Öffnen der Geschenkebox) und beim „Ball" (Tabelle 20).

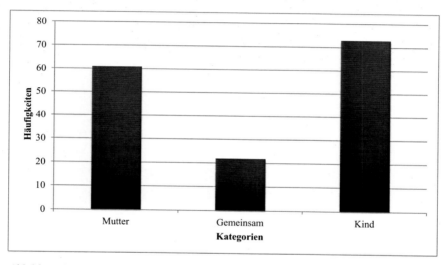

Abbildung 8: Wer initiiert die Beschäftigung mit dem Geschenk? (Kategorie III)

Tabelle 19: Beobachtungskategorie III, Häufigkeitsverteilung „Wer initiiert die Beschäftigung mit dem Geschenk?" (alle Situationen)

Kategorie III	Häufigkeiten
Mutter	61
Gemeinsam	22
Kind	73
Gesamt	156
Median	2

Tabelle 20: Beobachtungskategorie I, Häufigkeitsverteilung „Wer initiiert die Beschäftigung mit dem Geschenk?" in den einzelnen Geschenksituationen.

	Geschenk-übergabe-situation	„Zug"	„Puzzle"	„Ball"	„Finger-puppen"	„Glocken-spiel"
Mutter	14	5	10	15	7	10
Gemeinsam	6	4	4	5	2	1
Kind	6	17	12	6	17	15
Gesamt	26	26	26	26	26	26
Median	1	3	2	1	3	3

3.1.4   Skala V: Mütterliche Wertschätzung der Geschenke und der Situation

Aus Abbildung 9 ist abzulesen, dass Mütter bevorzugt „indirekt sachliche" Wertschätzungen der Geschenke und der Situationen zeigten. Von den empathischen Reaktionen zeigten Mütter am häufigsten „ausführlich empathische Wertschätzung". Ebenfalls häufig sind bei den Müttern keine Formen der Wertschätzung festzustellen (Tabelle 21). Dies spiegelte sich auch in der Wertschätzung aufgeteilt nach empathisch und sachlich wider. Mütter reagierten insgesamt häufiger „sachlich" als „emotional". In den Geschenksituationen „Zug", „Fingerpuppen" und „Ball" zeigten Mütter am häufigsten „einfache empathische Wertschätzung" und „ausführliche empathische Wertschätzung". In der Situation „Fingerpuppen" traten die häufigsten „ausführlich empathischen Wertschätzungsreaktionen" auf. In der Situation „Zug" zeigten die Mütter am meisten keine Wertschätzung (Tabelle 22).

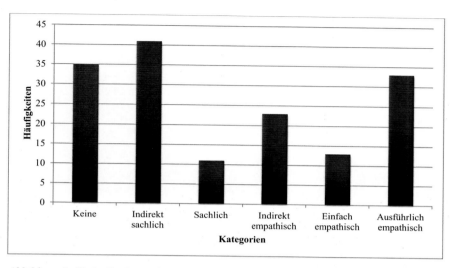

Abbildung 9: Skala V - Mütterliche Wertschätzung der Geschenke und der Situation (alle Geschenke)

Tabelle 21: Skala V - Häufigkeitsverteilung der „Wertschätzung der Geschenke und der Situationen" (alle Situationen)

	Skala V	Häufigkeiten	Häufigkeiten
Sachlich	Keine Wertschätzung		35
	Indirekt-sachlich	87	41
	Sachlich		11
Emotional	Indirekt-empathisch		23
	Einfach-empathisch	69	13
	Ausführlich-empathisch		33
	Gesamt		156
	Mittelwert		3.20
	SD		1.87

Tabelle 22: Skala V - Häufigkeitsverteilung der „Wertschätzung der Geschenke und der Situationen" in den einzelnen Geschenksituationen

Geschenk-situation	„Zug"	„Puzzle"	„Ball"	„Finger-pup-pen"	„Glocken-spiel"
Keine Wert-schätzung	5	9	7	6	2	6
Indirekt-sachlich	11	3	6	4	11	6
Sachlich	1	1	4	1	1	3
Indirekt-empathisch	3	4	2	7	2	5
Einfach-empathisch	1	3	1	4	2	2
Ausführlich-empathisch	5	6	6	4	8	4
Gesamt	26	26	26	26	26	26
Mittelwert	2.96	3.27	3.08	3.42	3.58	3.12
SD	1.82	2.07	1.94	1.82	1.92	1.77

3.1.5   Skala III: Verbalisierung von Gefühlen

Die Mütter spiegelten nur selten die emotionalen Reaktionen des Kindes wider (Abbildung 10). Dafür begleiteten sie häufig die Emotionen ihrer Kinder stimmlich. Ebenfalls traten selten verbale Zurückweisungen auf. Hingegen zeigten sich häufig sachliche Reaktionen oder keine verbale Bezugnahme zu den Gefühlen des Kindes. Wenn man die sprachlichen Reaktionen der Mütter nach sachlichen (zurückweisend, keine verbale Reaktion, sachlich) und emotionalen Reaktionen trennte (stimmhafte emotionale Begleitung, verbale emotionale Begleitung, emotionale Spiegelung), war festzustellen, dass verbal-sachliche Reaktionen häufiger auftraten (Tabelle 23).

Die meisten verbal-emotionalen Reaktionen der Mütter traten bei der Einführung des Geschenkes auf. Bei den Geschenken „Zug", „Puzzle" und „Glockenspiel" wiesen die Mütter meistens keine verbalen Reaktionen auf (Tabelle 24). Beim Geschenk „Zug" traten zudem die häufigsten verbal-sachlichen Reaktionen auf (zurückweisend, keine Reaktion und sachlich).

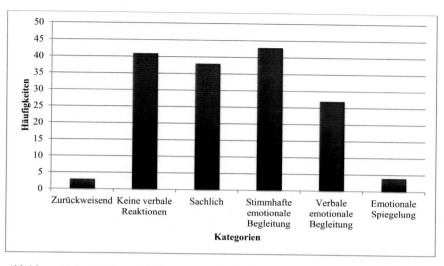

Abbildung 10: Skala III - Verbalisierung von Gefühlen (alle Geschenke)

Tabelle 23: Skala III - Häufigkeitsverteilung der „Verbalisierung von Gefühlen" (alle Situationen)

	Skala III	Häufigkeiten	Häufigkeiten
Verbal-sachlich	Zurückweisend		3
	Keine Reaktion	82	41
	Sachlich		38
Verbal-emotional	Stimmhafte emotionale Begleitung		43
	Verbale emotionale Begleitung	74	27
	Emotionale Spiegelung		4
	Gesamt		156
	Mittelwert		3.40
	SD		1.18

Tabelle 24: Skala III - Häufigkeitsverteilung der „Verbalisierung von Gefühlen" in den einzelnen Geschenksituationen

Geschenk	„Zug"	„Puzzle"	„Ball"	„Finger-puppen"	„Glocken-spiel"
Zurückweisend	0	0	1	0	0	1
Keine Reaktion	3	9	8	5	3	8
Sachlich	5	11	5	9	13	4
Stimmhafte emotionale Begleitung	11	1	8	7	6	8
Verbale emotionale Begleitung	5	5	4	5	3	4
Emotionale Spiegelung	2	0	0	0	1	1
Gesamt	26	26	26	26	26	26
Mittelwert	3.92	3.08	3.23	3.46	3.46	3.35
SD	1.09	1.09	1.18	1.03	0.99	1.29

3.1.6 Skala II: Emotionales Klima

Am häufigsten zeigte sich bei den Mutter/Kind-Paaren ein „warmes Klima" (Abbildung 11). Ein „sehr kaltes emotionales Klima" könnte hingegen nur ein einziges Mal festgestellt werden (Tabelle 25). Zudem herrschte häufiger ein neutrales emotionales Klima als ein sehr warmes emotionales Klima. Insgesamt war das Klima bei den Mutter/Kind-Paaren deutlich häufiger emotional warm als emotional kalt. Bei der Einführung des Geschenkes trat am häufigsten ein emotional warmes bis sehr warmes Klima auf. Zudem war das emotionale Klima in dieser Situation mehrfach kalt. Ein sehr kaltes Klima könnte hingegen nur ein einziges Mal in der „Glockenspielsituation" festgestellt werden (Tabelle 26).

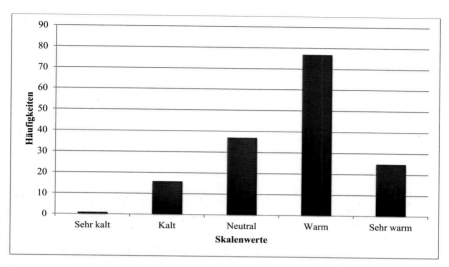

Abbildung 11: Skala II - Emotionales Klima

Wie Abbildung 11 verdeutlicht, zeigten Mütter in allen Situationen meistens keine verbale Reaktionen (Tabelle 27). Insgesamt reagierten Mütter deutlich häufiger nicht fördernd als fördernd. „Ermutigende" Förderungen kamen etwa ebenso selten vor wie mütterliche Kritik. Abwertende bzw. ablehnende Aussagen konnten hingegen nur ein einziges Mal festgestellt werden. Von den fördernden Reaktionen wiesen Mütter am meisten „einfache Bestätigungen" auf. In den Geschenksituationen „Zug" und Glockenspiel" zeigten Mütter bevorzugt fördernde Reaktionen. In den Situationen „Geschenk". „Ball". „Puzzle" und „Fingerpuppen" hingegen die zahlreichsten nicht fördernden Reaktionen (Tabelle 28).

Tabelle 25: Skala III - Häufigkeitsverteilung „Emotionales Klima" (alle Situationen)

	Skala III	Alle Situationen	Alle Situationen
Kalt	Sehr kalt		1
	Kalt	54	16
	Neutral		37
Warm	Warm		77
	Sehr warm	102	25
	Gesamt		156
	Mittelwert		3.70
	SD		0.88

Tabelle 26: Skala II - Häufigkeitsverteilung „Emotionales Klima" in den einzelnen Geschenksituationen

	Geschenk-situation	„Zug"	„Puzzle"	„Ball"	„Finger-puppen"	„Glocken-spiel"
Sehr kalt	0	0	0	0	0	1
Kalt	4	3	1	3	3	2
Neutral	3	10	9	4	5	6
Warm	14	12	13	13	13	12
Sehr warm	5	1	3	6	5	5
Gesamt	26	26	26	26	26	26
Mittelwert	3.77	3.42	3.69	3.85	3.77	3.69
SD	0.95	076	0.74	0.92	0.91	1.01

3.1.7 Skala IV: Förderung kindlichen Wohlbefindens

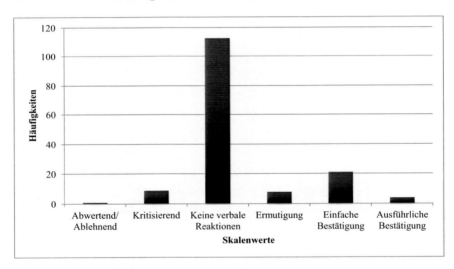

Abbildung 12: Skala IV - Förderung kindlichen Wohlbefindens

Tabelle 27: Skala IV - Häufigkeitsverteilung der „Förderung kindlichen Wohlbefindens"
(alle Geschenke)

	Skala IV	Häufigkeiten	Häufigkeiten
Nicht fördernd	Abwertend/ ablehnend	123	1
	Kritik		9
	Keine Reaktion		113
Fördernd	Ermutigung	33	8
	Einfache Bestätigung		21
	Ausführliche Bestätigung		4
	Gesamt		156
	Mittelwert		3.33
	SD		0.90

Tabelle 28: Skala IV - Häufigkeitsverteilung der „Förderung kindlichen Wohlbefindens"
in den einzelnen Geschenksituationen

Geschenk-situation	„Zug"	„Puzzle"	„Ball"	„Finger-puppen"	„Glocken-spiel"
Abwertend/ ablehnend	0	0	0	0	1
Kritik	0	2	3	0	1	3
Keine Reaktion	24	15	17	24	21	11
Ermutigung	1	1	2	1	1	2
Einfache Bestätigung	1	8	2	1	2	7
Ausführliche Bestätigung	0	0	2	0	1	1
Gesamt	26	26	26	26	26	26
Mittelwert	3.12	3.58	3.35	3.12	3.27	3.56
SD	0.43	1.03	1.06	0.43	0.83	1.26

3.1.8 Skala Ia: Emotionale Reaktionen der Mutter

Abbildung 13 zeigt die emotionalen Reaktionen der Mütter auf alle Geschenke und Ge-schenksituationen. Insgesamt reagierten die Mütter am häufigsten „emotional-überrascht" auf die Geschenke (Abbildung 13, Tabelle 29). „Sachlich-neutrale" Reaktionen und „keine Reaktion" traten am wenigsten auf. Von den gezeigten emotional negativen Reaktionen traten neutral-überraschte" Reaktionen am häufigsten auf. Zudem reagierten Mütter deut-lich häufiger emotional positiv als emotional negativ.

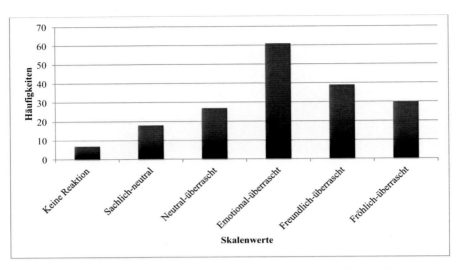

Abbildung 13: Skala Ia - Emotionale Reaktionen der Mütter (auf alle Geschenke)

Tabelle 30 gibt die Häufigkeiten der emotionalen Reaktionen der Mütter auf die einzelnen Geschenke wieder. Die Mütter reagierten auf den ersten Sichtkontakt mit dem Geschenk und auf das Öffnen der Geschenkebox häufig „freundlich-überrascht" oder „fröhlich-überrascht". Zudem zeigte sich, dass Mütter auf den ersten Sichtkontakt häufiger „sach-lich-neutral" als auf alle anderen Geschenke reagierten. Beim Geschenk „Puzzle" traten die wenigsten „fröhlich-überraschten" und „freundlich-überraschten" Reaktionen der Mütter auf. Beim Geschenk „Zug" traten die meisten emotional negativen Reaktionen auf (keine Reaktion, sachlich-neutral, neutral-überrascht).

Tabelle 29: Skala Ia - Häufigkeitsverteilung der emotionalen Reaktionen der Mutter (alle Geschenke)

	Skala Ia	Häufigkeiten	Häufigkeiten
Emotional negativ	Keine Reaktion		7
	Sachlich-neutral	52	18
	Neutral-überrascht		27
Emotional positiv	Emotional-überrascht		61
	Freundlich-überrascht	130	39
	Fröhlich-überrascht		30
	Gesamt		182
	Mittelwert		4.08
	SD		1.33

Tabelle 30: Skala Ia - Häufigkeitsverteilung der emotionalen Reaktionen der Mutter auf die einzelnen Geschenke und Geschenksituationen

	Sichtkontakt mit dem Geschenk	Öffnen der Geschen-ke-box	„Zug"	„Puz-zle"	„Ball"	„Finger-puppen"	„Glocken-spiel"
Keine Reaktion	2	1	1	2	0	0	1
Sachlich-neutral	7	1	3	2	3	1	1
Neutral-überrascht	0	3	7	4	3	4	6
Emotional-überrascht	4	7	6	14	8	13	9
Freundlich-überrascht	6	7	7	2	6	3	8
Fröhlich-überrascht	7	7	2	2	6	5	1
Gesamt	26	26	26	26	26	26	26
Mittelwert	4.00	4.50	3.81	3.69	4.35	4.27	3.96
SD	1.79	1.33	1.30	1.23	1.29	1.08	1.11

3.1.9 Skala Ib: Emotionale Reaktionen des Kindes

Bei den emotionalen Reaktionen der Kinder ergab sich im Vergleich zu den Müttern ein anderes Bild (Abbildung 14). Die Kinder zeigten meistens „keine Reaktionen". Wenn sie emotional positiv reagierten (neutral-überrascht, freundlich-überrascht, erfreut und fröh-lich-überrascht), waren dies meist erfreute Reaktionen. Am wenigsten reagierten sie „ängstlich-zurückhaltend". Eine „ängstlich-zurückhaltende" Reaktion zeigte sich aus-schließlich in den ersten zwei Situationen (erster Sichtkontakt mit dem Geschenk, öffnen des Geschenks; Tabelle 32). Zudem kam diese Reaktion nur bei 3 von den 26 Kindern vor (nicht aus der Tabelle ablesbar). Wie Tabelle 31 veranschaulicht, traten emotional-positive Reaktionen etwa gleich häufig wie emotional-negative Reaktionen bei den Kindern auf. Die meisten „freundlich-überraschten", „erfreuten" und „fröhlich-überraschten" Reaktio-nen zeigten Kinder beim Geschenk „Ball" (Tabelle 32). Beim Geschenk „Ball" und „Glo-ckenspiel" reagierten die Kinder zudem am zahlreichsten „fröhlich-überrascht".

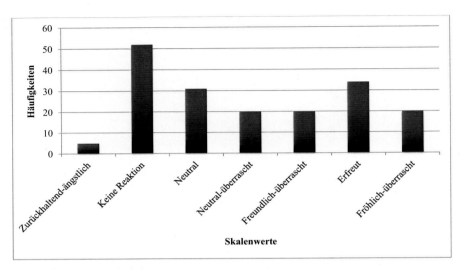

Abbildung 14: Skala Ib - Emotionale Reaktionen der Kinder (auf alle Geschenke)

Tabelle 31: Skala Ib - Häufigkeitsverteilung der emotionalen Reaktionen der Kinder (alle Geschenke)

	Skala Ib	Häufigkeiten	Häufigkeiten
Emotional negativ	Zurückhaltend-ängstlich		5
	Keine Reaktion	88	52
	Neutral		31
Emotional positiv	Neutral-überrascht		20
	Freundlich-überrascht	94	20
	Erfreut		34
	Fröhlich-überrascht		20
	Gesamt		182
	Mittelwert		3,99
	SD		1,85

Tabelle 32: Skala Ib - Häufigkeitsverteilung der emotionalen Reaktionen der Kinder auf die einzelnen Geschenke und Geschenksituationen

	Sichtkontakt mit dem Geschenk	Öffnen der Geschen-ke-box	„Zug"	„Puzzle"	„Ball"	„Finger-puppen"	„Glocken-spiel"
Zurückhal-tend-ängstlich	3	2	0	0	0	0	0
Keine Reak-tion	9	10	6	3	5	10	9
Neutral	2	3	5	11	3	2	5
Neutral-überrascht	1	4	4	4	2	3	2
Freundlich-überrascht	2	1	4	2	7	3	1
Erfreut	8	4	4	3	4	7	4
Fröhlich-überrascht	1	2	3	3	5	1	5
Gesamt	26	26	26	26	26	26	26
Mittelwert	3.69	3.46	4.15	4.00	4.65	3.92	4.04
SD	2.06	1.88	1.74	1.60	1.79	1.81	2.03

3.2 Emotionale Reaktionen der Mütter und der Kinder auf die Geschenke je nach Position

Ziel der Analyse ist zu überprüfen, wie Mütter und ihre 22-monatigen Kinder emotional auf eine Reihe von Geschenken für das Kind reagieren, und wie sie ihre emotionalen Reaktionen gegenseitig regulieren. Es werden daher die emotionalen Reaktionen der Mutter und die des Kindes dargestellt.

Die Geschenksituationen bestehen aus zwei fixen und 5 variablen Situationen. Die fixen sind der erste Blick auf die Geschenkebox („Sichtkontakt") und der Beginn des „Öffnens der Box". Die teilweise variablen Situationen sind das Ergreifen und Auspacken der ein-zelnen fünf Geschenke.

Um die Wirkung der einzelnen Geschenkobjekte ermitteln zu können, wird zunächst überprüft, ob die Reihenfolge der Objekte einen Unterschied in der Reaktion bei Mutter und Kind machte. Die Reihenfolge war allerdings nur begrenzt „beliebig", da die Eisen-bahn offen sichtbar und nicht verpackt war. Sie muss daher mit Vorbehalt betrachtet wer-den.

Im weiteren Verlauf wird auf die Unterscheidung von Geschenken und Geschenksituatio-nen verzichtet und nur noch von Geschenken gesprochen. Der Begriff „Geschenke" bezieht sich dann sowohl auf die eigentlichen Geschenke als auch auf den ersten „Sichtkontakt mit der Geschenkebox" und auf das „Öffnen der Geschenkebox".

Die emotionale Reaktion der Mutter und die des Kindes auf ein Geschenk spiegelt nicht nur die emotionale Reaktion auf ein spezifisches Geschenk wider, sondern auch die emotionale Reaktion auf die zeitliche Position eines Geschenkes in der Auspack- und Beschäftigungsreihenfolge. Eine exakte Trennung des Einflusses der zeitlichen Position des Geschenkes und der Geschenke kann nicht durchgeführt werden[4]. Es soll daher zum einen der Einfluss der zeitlichen Positionen (mit der darin enthaltenen Variablen "Geschenke") und zum anderen der Einfluss der Geschenke (mit der darin enthaltenen Variablen "zeitliche Position") getrennt untersucht werden.

Um zu ermitteln, ob ein Geschenk nicht überzufällig auf einer bestimmten zeitlichen Position auftritt, wird die Häufigkeitsverteilung der Geschenke auf den zeitlichen Positionen untersucht. Da Mutter und Kind eine Dyade bilden und sie die Geschenke gemeinsam auspacken und explorieren, ergeben sich für Mütter und deren Kinder die gleichen Rangplätze für die Geschenke.

Tabelle 33: Häufigkeitsverteilung der Geschenke auf den zeitlichen Positionen

	Geschenk Zug	Geschenk Puzzle	Geschenk Fingerpuppen	Geschenk Ball	Geschenk Glockenspiel
Position 1	5	1	8	9	3
Position 2	6	3	8	2	7
Position 3	4	6	3	7	6
Position 4	3	9	4	5	5
Position 5	8	7	3	3	5
Mode	7	6	3. 4	3	4
Median	3	4	3	3	3
N	26	26	26	26	26

---

[4] Um den Einfluss der zeitlichen Position vom Einfluss der Geschenke zu trennen, müssten für jedes Geschenk und jede Situation eine neue Variable generiert werden wie bspw. Geschenk „Zug" mit der Position drei, Geschenk „Zug" mit der Position vier, Geschenk „Zug" mit der Position fünf, Geschenk „Zug" mit der Position sechs, Geschenk „Zug" mit der Position sieben, Geschenk „Ball" mit der Position drei etc. Die Generierung dieser Variablen, die den Einfluss der Geschenke und der Position getrennt betrachten, führt dazu, dass bei einigen Müttern oder Kindern bestimme Variablen nicht belegt sind, da bei einem Fall sich zwei Geschenke nicht an der gleichen zeitlichen Stelle befinden können: Bspw. Geschenk „Zug" mit der Position fünf und Geschenk „Ball" mit der Position fünf. Bei einer Anzahl von 27 möglichen Variablen (fünf Geschenke mal fünf mögliche Positionen + Situation „Sichtkontakt Geschenkebox mit der Position eins" + Situation „Geöffnete Geschenkebox mit der Position zwei") und 26 Fällen (Müttern bzw. Kindern) führt dies zwangsläufig zu einer Großzahl nicht belegter Variablen, die einen Mittelwertvergleich unmöglich machen.

Wie aus Tabelle 33 ersichtlich, gibt es Unterschiede in den Häufigkeiten der Geschenke zu den unterschiedlichen Positionen. Beim Geschenk „Puzzle" zeigt sich eine leichte Verschiebung der Beschäftigung mit diesem Geschenk auf die hinteren Positionen und beim Geschenk „Fingerpuppen" auf die vorderen Positionen. Das Geschenk „Ball" tritt häufig auf der ersten Position auf und das Geschenk „Zug" zeigt hingegen eine relativ ausgeglichene Häufigkeitsverteilung, tritt aber am häufigsten auf der Position 5 auf. Zur Überprüfung der deskriptiven Ergebnisse wurde für die Unterschiede in den zeitlichen Positionen der Geschenke eine Rangvarianzanalyse (Friedman-Test) berechnet (Clark-Carter, 2003). Das Ergebnis zeigt einen signifikanten Unterschied in den zeitlichen Positionen der Geschenke ($p = 0.05$) (Tabelle 34). Somit kann angenommen werden, dass die Geschenke sich in ihren zeitlichen Positionen signifikant unterscheiden und auf bestimmten Positionen überzufällig vorkommen.

Bei der Untersuchung von Geschlechtsunterschieden in den zeitlichen Positionen der Geschenke konnten sowohl bei den Mädchen als auch bei den Jungen keine signifikanten Unterschiede in den zeitlichen Positionen der Geschenke gefunden werden (Mädchen $p = 0.30$; Jungen $p = 0.26$).

Tabelle 34: Rangvarianzanalyse der zeitlichen Positionen der Geschenke

	Geschenk Zug	Geschenk Puzzle	Geschenk Fingerpuppen	Geschenk Ball	Geschenk Glockenspiel
Rangplatz-mittelwerte	3.12	3.69	2.46	2.65	3.08

3.2.1 Emotionale Reaktionen der Mütter auf die Geschenke je nach Position

Tabelle 35 gibt die Mittelwerte der emotionalen Reaktionen der Mütter (Skala Ia emotionale Reaktionen der Mutter) zu den unterschiedlichen Zeitpunkten wieder. Wie in Tabelle 35 erkennbar ist, zeigten die Mütter auf das Öffnen der Geschenkebox die am stärksten ausgeprägten emotionalen Reaktionen mit einem Mittelwert von 4.5 (entspricht der Stufe 4 emotional-überrascht und der Stufe 5 freundlich-überrascht). Die geringste Ausprägung ihrer emotionalen Reaktion war beim letzten Geschenk (Position 7) zu finden. Hier erreichten die Mütter nur einen Mittelwert von 3.85. Dies entspricht der Stufe 4, „emotional-überrascht". Es lässt sich eine Abnahme der Ausprägungsstärke der emotionalen Reaktionen der Mütter von der zweiten Position auf die siebte Position erkennen.

Tabelle 35: Emotionale Reaktionen der Mütter zu den unterschiedlichen zeitlichen Positionen der Geschenke (Mittelwerte u. Streuung der Skala Ia emotionale Reaktionen der Mütter. Skalenwerte 1-6)

	N	Mittelwert der emotionalen Reaktionen der Mütter	SD
Position 1 „Sichtkontakt mit der Geschenkebox"	26	4.00	1.79
Position 2 „Öffnen der Geschenkebox"	26	4.50	1.33
Position 3	26	4.19	1.17
Position 4	26	4.23	1.18
Position 5	26	3.88	1.42
Position 6	26	3.92	1.02
Position 7	26	3.85	1.29

Für die Überprüfung dieses Trends wurde eine einfaktorielle Varianzanalyse mit Messwiederholung verwendet (Cooligan. 2003). Der Faktor „zeitliche Position der Geschenke" enthält eine siebenfache Wiederholung. Die emotionale Reaktion der Mütter stellt die abhängige Variable dar. Das Ergebnis zeigt keinen signifikanten Haupteffekt der zeitlichen Positionen auf die emotionalen Reaktionen der Mütter (Tabelle 36, angepasster Greenhouse-Geisser-Wert).

Tabelle 36: Test of Within-Subjects Effects der emotionalen Reaktionen der Mütter zu den unterschiedlichen zeitlichen Positionen der Geschenke

	Sum of Squares	Df	Mean Square	F	Sig.	Eta Squared
Greenhouse-Geisser (Positionen)	8.725	4	1.454	1.626	0.144	0.061
Error (Positionen)	134.132	96.039	1.397			

Abbildung 15 lässt aber einen abnehmenden Trend in der Ausprägung der emotionalen Reaktionen von Position zwei zur Position sieben hin erkennen. Die emotionalen Reaktionen der Mütter stiegen von der ersten Position auf die zweite Position stark an und nahmen dann bis auf einen Mittelwert von 3.85 ab (Position 7). Eine erneute Überprüfung unter Ausschluss der ersten Positionen („Erster Sichtkontakt mit der Geschenkebox") erbrachte wiederum einen nicht signifikanten Effekt der zeitlichen Positionen. Allerdings wurde das

Signifikanzniveau nur geringfügig übertreten (Tabelle 37). Wie aus *Abbildung 1* abzulesen ist, unter Betrachtung der Positionen 2 bis 7, konnte ein linearer Effekt bestätigt werden $(F(1.125) = 8.288, p = 0.008)$.

Eine Überprüfung möglicher Unterschiede zwischen den Positionen 1, 2 und den Geschenken auf den Positionen 3 bis 7 erbrachte kein signifikantes Ergebnis $(t = 1.08, p = 0.283)$.

Tabelle 37: Test of Within-Subject Effects der emotionalen Reaktionen der Mütter zu den unterschiedlichen zeitlichen Positionen der Geschenke (Position 2 bis 7)

	Sum of Squares	Df	Mean Square	F	Sig.	Eta Squared
Sphericity Assumed (Positionen)	8.519	5	1.704	2.219	0.056	0.082
Error (Positionen)	95.981	125	0.768			

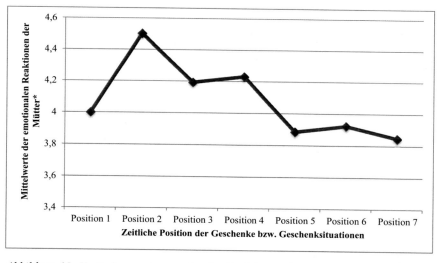

Abbildung 15: Veränderung der emotionalen Reaktionen der Mütter über die Zeit (Rangfolge der Situationen)

*(4 = emotional überrascht 5 = freundlich-überrascht)

3.2.2 Emotionale Reaktionen der Kinder auf die Geschenke je nach Position

Tabelle 38: Emotionale Reaktionen der Kinder zu den unterschiedlichen zeitlichen Positionen der Geschenke (Mittelwert u. Streuung der Skala Ib emotionale Reaktionen der Kinder. Skalenwert 1-7)

	N	Mittelwert	SD
Position 1	26	3.69	2.06
Position 2	26	3.46	1.88
Position 3	26	4.08	1.74
Position 4	26	4.08	1.60
Position 5	26	4.35	1.81
Position 6	26	4.04	1.79
Position 7	26	4.23	2.03

Tabelle 38 gibt die Mittelwerte der emotionalen Reaktionen der Kinder zu den unterschiedlichen Zeitpunkten wieder. Aus der Tabelle ist zu erkennen, dass die Emotionalität in den Reaktionen der Kinder von der Position 1 bis zur letzten Position 7 gering nicht linear zunahm. Abbildung 16 verdeutlicht diese Veränderung der emotionalen Reaktionen der Kinder über die Zeit. Die Reaktionen der Kinder auf den ersten Sichtkontakt mit der Geschenkebox und das erste Öffnen der Geschenkebox blieben jeweils unter dem Mittelwert von 4.00. Erst beim Auspacken der eigentlichen Geschenke (Position 3 bis Position 7) steigen die emotionalen Reaktionen der Kinder leicht über den Mittelwert von 4.00 (4 = emotional-überrascht) und bleiben dann über alle Positionen hinweg über einem Mittelwert von 4.00. Eine einfaktorielle Varianzanalyse mit Messwiederholung ergab aber keine signifikanten Unterschiede in den Mittelwerten der emotionalen Reaktionen der Kinder nach Positionen (Tabelle 39). Wie Abbildung 16 veranschaulicht, gibt es deutliche Unterschiede zwischen den emotionalen Reaktionen der Kinder auf die Geschenke mit der Position 1 und 2 und den Geschenken mit der Position 3 bis 7. Eine Überprüfung dieser Unterschiede mithilfe eines T-Tests ergab kein signifikantes Ergebnis (t = -1.914, p =0.057). Das Signifikanzniveau wurde dabei nur leicht überschritten. Für den Verlauf der emotionalen Reaktionen der Kinder konnte kein linearer, quadratischer oder kubischer Trend festgestellt werden (Abbildung 16).

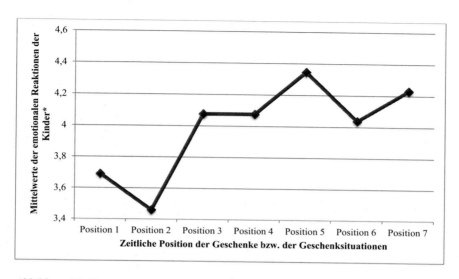

Abbildung 16: Veränderung der emotionalen Reaktionen der Kinder über die Zeit (Rangfolge der Situationen)

*(3 = neutral 4 = neutral-überrascht 5 = freundlich-überrascht)

Tabelle 39: Tests Within-Subjects Effects der emotionalen Reaktionen der Kinder zu den unterschiedlichen zeitlichen Positionen der Geschenke

	Sum of Squares	Df	Mean Square	F	Sig.	Eta Squared
Sphericity Assumed (Geschenke)	14.824	6	2.471	0.965	0.451	0.037
Error (Geschenke)	384.033	150	2.560			

3.3 Emotionale Reaktionen der Mütter und Kinder auf die Geschenke

3.3.1 Emotionale Reaktionen der Mütter auf die Geschenke

Tabelle 40: Emotionale Reaktionen der Mütter auf die einzelnen Geschenke unabhängig von den zeitlichen Positionen (Mittelwerte u. Streuung der Skala Ia emotionale Reaktionen der Mütter. Skalenwert 1-6)

Geschenke	N	Mittelwert der emotionalen Reaktionen der Mütter	SD
Zug	26	3.81	1.30
Puzzle	26	3.69	1.23
Fingerpuppen	26	4.27	1.08
Ball	26	4.35	1.29
Glockenspiel	26	3.96	1.11

Tabelle 40 gibt die Mittelwerte der emotionalen Reaktionen der Mütter auf die unterschiedlichen Geschenke wieder. Die emotionalen Reaktionen der Mütter sanken bei dem Geschenk „Puzzle" auf einen Mittelwert von 3.69 (4 = emotional-überrascht) im Vergleich: Beim Geschenk „Ball" lag er bei 4.35 (5 = freundlich-überrascht). Die Unterschiede konnten mit einer einfaktoriellen Varianzanalyse mit Messwiederholung bestätigt werden (5 Messwiederholungen = Geschenke; abhängige Variable = emotionale Reaktionen der Mutter). Die Art des Geschenkes bzw. der Geschenksituation hatte einen signifikanten Einfluss auf die emotionalen Reaktionen der Mütter (Tabelle 41*)*.

Tabelle 41: Tests of Within-Subjects Effects der emotionalen Reaktionen der Mütter auf die einzelnen Geschenke unabhängig von den zeitlichen Positionen

	Sum of Squares	Df	Mean Square	F	Sig.	Eta Squared
Sphericity Assumed (Geschenke)	8.413	4	2.108	3.515	0.01	0.123
Error (Geschenke)	59.969	100	0.600			

Am freudigsten reagieren die Mütter auf die Geschenke „Ball" und „Fingerpuppen" und am wenigsten freudig auf die Geschenke „Zug" und „Puzzle" (Abbildung 17[5]). Die emotionalen Reaktionen der Mütter auf das Geschenk „Glockenspiel" befinden sich im Vergleich zu den emotionalen Reaktionen auf die anderen Geschenke im mittleren Bereich.

---

[5] Die in der Grafik dargestellten emotionalen Reaktionen der Mütter auf die Geschenke stehen in keiner zeitlichen Abfolge. Die Linien zwischen den einzelnen Punkten dienen nur zur Veranschaulichung der Unterschiede zwischen den emotionalen Reaktionen der Geschenke.

Ein T-Test mit Bonferroni-Adjustierung zur Fehlerminimierung konnte einen signifikanten Unterschied zwischen den Geschenken „Puzzle" und „Fingerpuppen" feststellen (p = 0.046; Abbildung 17).

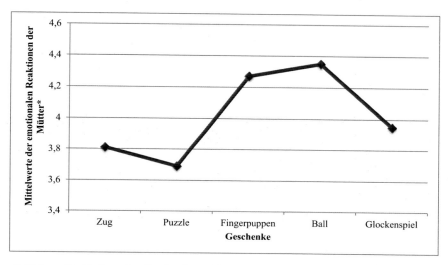

Abbildung 17: Einfluss der Geschenke auf die emotionalen Reaktionen der Mütter

*(3 = neutral-überrascht 4 = emotional-überrascht 5 = freundlich-überrascht)

3.3.2 Emotionale Reaktionen der Kinder auf die Geschenke

Tabelle 42: Mittelwerte der emotionalen Reaktionen der Kinder auf die unterschiedlichen Geschenke (Mittelwerte u. Streuung der Skala Ib emotionale Reaktionen der Kinder. Skalenwerte 1-7)

Geschenke	N	Mittelwert	SD
Zug	26	4.15	1.74
Puzzle	26	4.00	2.06
Fingerpuppen	26	3.92	1.82
Ball	26	4.65	1.79
Glockenspiel	26	4.04	2.03

Tabelle 42 gibt die Mittelwerte der emotionalen Reaktionen der Kinder je nach Geschenk wieder. Die Kinder reagierten am wenigsten freudig auf die „Fingerpuppen", auf das Geschenk „Ball" am freudigsten. Die emotionalen Reaktionen der Kinder auf die Geschenke „Zug", „Puzzle", „Fingerpuppen", „Glockenspiel" bewegten sich alle um einen Mittelwert von 4.0 (4 = neutral-überrascht). Für die Überprüfung der Unterschiede in den emotionalen Reaktionen der Kinder je Geschenk wurde eine einfaktorielle Varianzanalyse mit Messwiederholung durchgeführt. Die Analyse ergab keine signifikanten Unterschiede in den emotionalen Reaktionen der Kinder auf die Geschenke (Tabelle 43). Die Kinder unterscheiden sich somit nicht in ihren emotionalen Reaktionen aufgrund der Geschenke. Eine zusätzliche Überprüfung der Mittelwertunterschiede zwischen den Positionen 1 („Erster Sichtkontakt mit dem Geschenk"). Position 2 („Öffnen des Geschenkes") und den Geschenken „Zug", „Puzzle", „Fingerpuppen", „Ball", „Glockenspiele" führte ebenfalls zu keinem signifikanten Ergebnis (t = -1.914, p = 0.057).

Tabelle 43: Tests of Within-Subjects Effects der emotionalen Reaktionen der Kinder auf die unterschiedlichen Geschenke

	Sum of Squares	Df	Mean Square	F	Sig.	Eta Squared
Sphericity Assumed (Geschenke)	8.846	4	2.212	0.933	0.488	0.36
Error (Geschenke)	237.154	100	2.372			

3.4 Geschlechtsunterschiede in den emotionalen Reaktionen der Kinder und der Mütter

Die Unterschiede in den emotionalen Reaktionen je nach Geschlecht des Kindes wurden sowohl für die Kinder als auch für die Mütter untersucht. Zur Analyse der Geschlechtsunterschiede wurde jeweils eine zweifaktorielle Varianzanalyse mit Messwiederholung (*2x7 Mixed-Anova, zeitliche Positionen bzw. 2 x 5 Mixed-Anova, Geschenke*) durchgeführt. Die Analyse wurde wie im vorigen Abschnitt sowohl für die Geschenke als auch für die zeitlichen Positionen der Geschenke separat berechnet. Die emotionalen Reaktionen der Mütter bzw. der Kinder stellten jeweils die abhängige Variable dar. Das Geschlecht war mit einer zweifachen Ausprägung die erste der zwei unabhängigen Variablen (*between-subject-design*). Die Geschenke (mit fünffacher Messwiederholung) bzw. die zeitliche Position (mit siebenfacher Messwiederholung) der Geschenke stellten jeweils die zweite unabhängige Variable dar (*within-subject-design*).

3.4.1 Emotionale Reaktionen der Mütter von Mädchen und Jungen über die Zeit (Positionen der Situationen)

Aus untenstehender Tabelle 44 ist ersichtlich, dass die Mütter von Mädchen und Jungen auf die ersten drei Geschenke relativ identisch reagieren. Ab der Position 4 änderte sich das aber. Die Mütter von Mädchen zeigten über alle folgenden Positionen hinweg einen fast stabilen Mittelwert von größer 4.00 (4 = emotional-überrascht). Die Mütter von Jungen zeigten hingegen eine konstante Abnahme in der Ausprägung ihrer emotionalen Reaktionen von Position 3 bis Position 7. *Abbildung 4* verdeutlicht diesen Verlauf. Zum Anfang der Geschenksituation zeigten sowohl Mütter von Mädchen als auch Mütter von Jungen stark ausgeprägte emotionale Reaktionen, die einen Mittelwert von 4.00 überstiegen (4 = emotional-überrascht). Zum Ende der Geschenksituationen reagierten die Mütter von Mädchen immer noch stark emotional mit einem Mittelwert von 4.21. Mütter von Jungen hingegen reagierten nur noch mit einem Mittelwert von 3.42, was im Durchschnitt einer „neutral-überraschten" Reaktion entspricht.

Die Überprüfung der Unterschiede in den emotionalen Reaktionen der Mütter je nach Geschlecht des Kindes, mithilfe einer zweifaktoriellen Varianzanalyse mit Messwiederholung, ergab keine signifikanten Unterschiede (Tabelle 45).

Tabelle 44: Mittelwerte der emotionalen Reaktionen der Mütter aufgeteilt nach Geschlecht des Kindes auf die Positionen der Geschenke (Mittelwerte u. Streuung der Skala Ia emotionale Reaktionen der Mütter. Skalenwerte 1-6)

	Emotionale Reaktionen der Mütter von Mädchen			Emotionale Reaktionen der Mütter von Jungen		
	N ♀	MW	SD	N ♂	MW	SD
Position 1 „Sichtkontakt mit der Geschenkebox"	14	4.00	1.96	12	4.00	1.65
Position 2 „Öffnen der Geschenkebox"	14	4.57	1.66	12	4.42	0.90
Position 3	14	4.21	1.19	12	4.17	1.19
Position 4	14	4.50	0.94	12	3.92	1.38
Position 5	14	4.07	1.59	12	3.67	1.23
Position 6	14	4.21	1.05	12	3.58	0.90
Position 7	14	4.21	1.31	12	3.42	1.16

Es konnte weder ein signifikanter Haupteffekt der Geschenke nach Positionen noch ein Interaktionseffekt zwischen den unabhängigen Variablen „Positionen der Geschenke" und „Geschlecht des Kindes" gefunden werden (Tabelle 46, angepasster Greenhouse-Geisser-Wert). Die in Abbildung 18 zu beobachteten Unterschiede in den emotionalen Reaktionen der Mütter aufgrund des Geschlechtes des Kindes konnten somit statistisch nicht gesichert werden.

Tabelle 45: Mittelwerte der emotionalen Reaktionen der Mütter aufgeteilt nach Geschlecht des Kindes auf die Positionen der Geschenke (Mittelwerte u. Streuung der Skala Ia emotionale Reaktionen der Mütter. Skalenwerte 1-6)

Source	Sum of Squares	Df	Mean Square	F	Sig.	Eta Squared
Sex	6.332	1	6.332	0.891	0.355	0.036
Error	170.575	24	7.107			

Tabelle 46: Tests of Within-Subjects Effects der emotionalen Reaktionen der Mütter, aufgeteilt nach Geschlecht des Kindes auf die Positionen der Geschenke

	Sum of Squares	Df	Mean Square	F	Sig.	Eta Squared
Greenhouse-Geisser (Geschenke)	9.119	3.813	2.391	1.679	0.164	0.065
Greenhouse-Geisser (Geschenke x Sex)	59.969	3.813	.991	0.696	.590	0.028
Greenhouse-Geisser) Error	130.354	91.515	1.424			

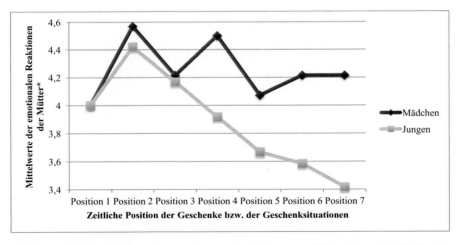

Abbildung 18: Veränderung der emotionalen Reaktionen der Mütter über die Zeit (Position der Geschenke), aufgeteilt nach Geschlecht des Kindes

3.4.2 Emotionale Reaktionen der Mädchen und Jungen über die Zeit

Tabelle 47: Emotionale Reaktionen der Mädchen und Jungen zu den unterschiedlichen zeitlichen Positionen der Geschenke (Mittelwerte u. Streuung der Skala Ib emotionale Reaktionen der Kinder. Skalenwerte 1-7)

	Mädchen			Jungen		
	N	MW	SD	N	MW	SD
Position 1 „Sichtkontakt mit der Geschenkebox"	14	3.71	1.90	12	3.67	2.31
Position 2 „Öffnen der Geschenkebox"	14	3.64	2.06	12	3.25	1.71
Position 3	14	4.64	1.74	12	3.42	1.98
Position 4	14	3.50	1.74	12	4.75	1.60
Position 5	14	4.57	1.83	12	4.08	1.78
Position 6	14	3.71	1.90	12	4.42	1.93
Position 7	14	4.14	1.79	12	4.33	1.61

Tabelle 47 gibt die Mittelwerte der emotionalen Reaktionen der Kinder je nach Geschlecht und nach den unterschiedlichen zeitlichen Positionen der Geschenke wieder. Zwischen Mädchen und Jungen gab es deutliche Unterschiede in den Ausprägungen der emotionalen Reaktionen. Die Überprüfung dieser Unterschiede mit einer zweifaktoriellen Varianzanalyse mit Messwiederholung ergab aber kein signifikantes Ergebnis (Tabelle 48). Die in Tabelle 47 ersichtlichen Unterschiede zwischen den emotionalen Reaktionen von Jungen und Mädchen konnten somit nicht bestätigt werden. Mädchen und Jungen unterscheiden sich nicht in der Veränderung der emotionalen Reaktionen über die Zeit.

Tabelle 48: Test of Between-Subject Effects der emotionalen Reaktionen der Mädchen und Jungen zu den unterschiedlichen zeitlichen Positionen der Geschenke

Source	Sum of Squares	Df	Mean Square	F	Sig.	Eta Squared
Sex	0.000	1	0.000	0.000	0.997	0.000
Error	221.121	24	9.213			

Aus Abbildung 19 wird aber ersichtlich, dass Mädchen ab der dritten Position einen ersten starken Anstieg in der Ausprägung der emotionalen Reaktion zeigten, die Jungen hingegen erst ab der vierten Position. Sie fielen nach der ersten Situation in ihren emotionalen Reaktionen ab bis auf einen Mittelwert von 3.25 (3 = neutral) in der zweiten Position und erholten sich dann leicht in der dritten Position mit einem Mittelwert von 4.64 (5 = freundlich-überrascht). Während die Mädchen einen starken Abfall in den emotionalen Reaktionen in der vierten Position zeigten, zeigten die Jungen hier ihren ersten starken Anstieg in der Ausprägung ihrer emotionalen Reaktionen. Ein ähnliches Bild ist in der Position fünf zu betrachten. Während die Mädchen in der Ausprägung der emotionalen Reaktionen wieder stark ansteigen, fielen die Jungen wieder ab. In der Position sechs spiegelt sich in abgedämpfter Form die Situation von Position drei wider. Die Jungen stiegen in der Ausprägung der emotionalen Reaktionen wieder an und die Mädchen fallen nach dem Anstieg in Position fünf wieder ab. In der letzten Position nähern sich die emotionalen Reaktionen von Mädchen und Jungen wieder an.

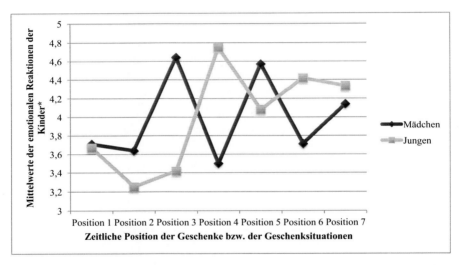

Abbildung 19: Veränderung der emotionalen Reaktionen von Mädchen und Jungen über die Zeit

*(3 = neutral 4 = neutral-überrascht 5 = freundlich-überrascht)

Der Verlauf der emotionalen Reaktionen von Mädchen und Jungen über die Zeit in Abbildung 18 lässt erkennen, dass die Jungen jeweils zeitversetzt dasselbe Muster an emotionalen Reaktionen zeigten wie die Mädchen. So bildeten die emotionalen Reaktionen der Mädchen in Position 2 eine Einheit mit den emotionalen Reaktionen der Jungen in Position 2 und 3. Die emotionalen Reaktionen der Mädchen in Position 3 bilden eine Einheit mit den emotionalen Reaktionen der Jungen in Position 4. Dasselbe Bild ist für die Positionen vier und fünf und den Positionen 5 und 6 und der Position 6 und 7 zu beobachten.

Ein Einfluss der Geschenke – geordnet nach zeitlichen Positionen – konnte nicht bestätigt werden (Tabelle 49). Ein Interaktionseffekt blieb ebenfalls aus (Tabelle 49). Eine Trend-analyse konnte keinen linearen, quadratischen oder kubischen Trend bestätigen. Hingegen konnte ein Trend fünfter Ordnung festgestellt werden (p = 0.046).

Tabelle 49: Tests of Within-Subjects Effects der emotionalen Reaktionen der Mädchen und Jungen zu den unterschiedlichen zeitlichen Positionen der Geschenke

Source	Sum of Squares	Df	Mean Square	F	Sig.	Eta Squared
Sphericity Assumed (Geschenke)	15.147	6	2.525	1.015	0.418	0.041
Sphericity Assumed (Geschenke x Sex)	25.785	6	4.297	1.727	0.119	0.67
Error (Geschenke)	358.248	144	2.488			

3.4.3 Emotionale Reaktionen der Mütter von Mädchen und Jungen je nach Art der Geschenke

Tabelle 50 gibt die Mittelwerte der emotionalen Reaktionen der Mütter auf die einzelnen Geschenke je nach Geschlecht ihrer Kinder wieder. Die größte Abweichung in den emoti-onalen Reaktionen der Mütter von Mädchen von den emotionalen Reaktionen der Mütter von Jungen bestand bei den Geschenken „Zug", „Puzzle" und „Fingerpuppen". Mütter von Töchtern reagierten auf die Geschenke „Zug", „Puzzle" und „Fingerpuppen" und „Glo-ckenspiel" deutlich fröhlicher als Mütter von Söhnen. Bei dem Geschenk „Ball" waren die emotionalen Reaktionen der Mütter von weiblichen und männlichen Kindern hingegen gleich stark ausgeprägt. Insgesamt reagierten die Mütter von Mädchen über alle Geschenke hinweg emotionaler als Mütter von Jungen.

Tabelle 50: Mittelwerte der emotionalen Reaktionen der Mütter von Mädchen und Jungen aufgrund der Geschenke (Mittelwerte u. Streuung der Skala Ia emotionale Reaktionen der Mütter. Skalenwerte 1-6)

	Emotionalen Reaktionen der Mütter von Mädchen			Emotionalen Reaktionen der Mütter von Jungen		
	N ♀	MW	SD	N ♂	MW	SD
Zug	14	4.14	1.17	12	3.42	1.38
Puzzle	14	4.07	1.27	12	3.25	1.06
Fingerpuppen	14	4.57	1.09	12	3.92	0.97
Ball	14	4.36	1.39	12	4.33	1.23
Glockenspiel	14	4.07	1.21	12	3.83	1.03

Zur Überprüfung der aus Tabelle 50 erkennbaren Unterschiede in den emotionalen Reaktionen von Müttern mit Mädchen und Müttern mit Jungen wurde für die Geschenke „Zug", „Puzzle" und „Fingerpuppen", „Ball" und „Glockenspiel" eine zwei-faktorielle Varianzanalyse mit Messwiederholung durchgeführt. Das Geschlecht des Kindes mit einer zweifachen Ausprägung bildete dabei die erste unabhängige Variable und die Geschenke mit einer fünffachen Messwiederholung die zweite unabhängige Variable. Die emotionalen Reaktionen der Mütter bildeten wie in den Berechnungen zuvor die abhängige Variable. Die Analyse erbrachte keine signifikanten Unterschiede zwischen den emotionalen Reaktionen der Mütter von Mädchen und den emotionalen Reaktionen von Müttern von Jungen (Tabelle 51).

Tabelle 51: Test of Between-Subject Effects der emotionalen Reaktionen der Mütter von Mädchen und Jungen auf die Geschenke

Source	Sum of Squares	Df	Mean Square	F	Sig.	Eta Squared
Sex	7.848	1	7.848	1.656	0.210	0.065
Error	113.721	24	4.738			

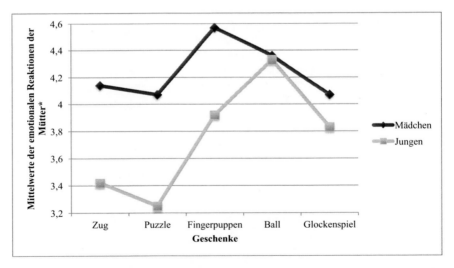

Abbildung 20: Einfluss der Geschenke auf die emotionalen Reaktionen der Mütter, aufgeteilt nach Geschlecht des Kindes

Abbildung 20 veranschaulicht die nicht signifikanten Unterschiede zwischen den emotionalen Reaktionen der Mütter von Jungen und Mädchen. Ein Haupteffekt der Geschenke auf die emotionalen Reaktionen der Mütter konnte hingegen nachgewiesen werden (Tabelle 52). Zudem konnte ein quadratischer und kubischer Trend festgestellt werden ($F_{(1,24)}$ = 5.278, p = 0.03 und $F_{(1,24)}$ = 6.45, p = 0.018). Ein T-Test mit Bonferroni-Adjustierung erbrachte einen signifikanten Unterschied in den emotionalen Reaktionen der Mütter bei den Geschenken „Puzzle" und „Fingerpuppen" (p = 0.015). Ein Interaktionseffekt konnte hingegen nicht sichergestellt werden (Tabelle 52).

Tabelle 52: Tests of Within-Subjects Effects der emotionalen Reaktionen der Mütter von Mädchen und Jungen auf die Geschenke

	Sum of Squares	Df	Mean Square	F	Sig.	Eta Squared
Sphericity Assumed (Geschenke)	8.906	4	2.226	3.756	0.007	0.135
Sphericity Assumed (Geschenke x Sex)	3.060	4	0.765	1.290	0.279	0.051
Error	56.910	96	0.593			

(3 = neutral-überrascht 4 =emotional-überrascht 5 = freundlich-überrascht)

3.4.4 Emotionale Reaktionen der Mädchen und Jungen je nach Art des Geschenkes

Tabelle 53: Mittelwerte der emotionalen Reaktionen der Mädchen und Jungen nach Geschenken (Mittelwerte u. Streuung der Skala Ib emotionale Reaktionen der Kinder. Skalenwerte 1-7)

	Emotionale Reaktionen der Mädchen			Emotionale Reaktionen der Jungen		
	N	MW	SD	N	M	SD
Zug	14	4.29	2.09	12	4.00	1.28
Puzzle	14	3.93	1.49	12	4.08	1.78
Fingerpuppen	14	3.93	1.86	12	3.92	1.83
Ball	14	4.57	1.70	12	4.75	1.96
Glockenspiel	14	3.86	1.99	12	4.25	2.14

Tabelle 53 gibt die Mittelwerte der emotionalen Reaktionen von Mädchen und Jungen auf die Geschenke wieder. Wie aus Tabelle 53 ersichtlich ist, bestanden keine größeren Unterschiede (>1.00) zwischen den emotionalen Reaktionen der Mädchen und der Jungen auf die Geschenke. Der größte Mittelwertsunterschied ist beim Geschenk „Glockenspiel" zu beobachten. Allerdings blieb auch dieser Unterschied unter einer Differenz von 0.5. Die fehlenden Unterschiede zwischen den emotionalen Reaktionen von Mädchen und Jungen konnten mit einer zweifaktoriellen Varianzanalyse mit siebenfacher Messwiederholung unterstützt werden (Tabelle 54). Mädchen und Jungen unterschieden sich nicht in der Ausprägung ihrer emotionalen Reaktionen auf die Geschenke.

Es konnte weder ein Einfluss der Geschenke noch ein Interaktionseffekt zwischen den Geschenken und dem Geschlecht festgestellt werden (Tabelle 55).

Tabelle 54: Test of Between-Subject Effect der emotionalen Reaktionen der Mädchen und Jungen nach Geschenken

Source	Sum of Squares	Df	Mean Square	F	Sig.	Eta Squared
Sex	0.237	1	0.237	0.034	0.855	0.001
Error	166.686	24	6.945			

Tabelle 55: Tests of Within-Subjects Effects der emotionalen Reaktionen der Mädchen und Jungen nach Geschenken

	Sum of Squares	Df	Mean Square	F	Sig.	Eta Squared
Sphericity Assumed (Geschenke)	8.849	4	2.212	0.902	0.466	0.036
Sphericity Assumed (Geschenke x Sex)	1.649	4	0.412	0.168	0.954	0.007
Sphericity Assumed (Error)	235.505	96	2.453			

3.5 Geschlechtsunterschiede und Veränderungen je nach Geschenksituationen in den Mutterskalen und der personenübergreifenden Skala

Für die Skalen des mütterlichen Verhaltens: „Verbalisierung von Gefühlen", „Wertschätzung der Geschenke bzw. der Geschenksituation" und „Förderung des kindlichen Wohlbefindens" und die der personenübergreifenden Skala „Emotionales Klima" wurden die Unterschiede im Verhalten je nach Geschlecht des Kindes und der Geschenksituation mithilfe von zweifaktoriellen Varianzanalysen mit Messwiederholung untersucht. Das Geschlecht bildete dabei die erste unabhängige Variable mit einer zweifachen Ausprägung (*between-subject-design*) und die Geschenksituationen die zweite unabhängige Variable mit einer sechsfachen Messwiederholung (*within-subject-design*). Die abhängige Variable bildete jeweils eine der Skalen des mütterlichen Verhaltens bzw. die personenübergreifende Skala „Emotionales Klima".

3.5.1 Mutter-Skala Verbalisierung von Gefühlen

Tabelle 56 gibt die Mittelwerte für die Verbalisierung von Gefühlen durch die Mütter aufgeteilt nach Geschlecht des Kindes wieder. Wie aus der Tabelle 56 abzulesen ist, sind die Verbalisierungsfähigkeiten der Mütter von Mädchen und Jungen bei den Geschenksituationen „Geschenkebox", „Puzzle", „Fingerpuppen", „Ball" und „Glockenspiel" etwa gleichstark ausgeprägt. Bei der Geschenksituation „Zug" verbalisieren die Mütter von Mädchen stärker als die Mütter von Jungen. Zudem lässt sich erkennen, dass die Mütter nicht bei allen Geschenksituationen die gleiche Ausprägung in der Verbalisierung der Gefühle ihrer Kinder zeigten. Es kann daher vermutet werden, dass es insgesamt keine Geschlechtsunterschiede in der Verbalisierung von Gefühlen durch die Mütter gibt. Im Speziellen ist aber ein Geschlechtsunterschied in der Verbalisierung von Gefühlen durch die Mütter bei dem Geschenk „Zug" zu vermuten. Zusätzlich ist nicht auszuschließen, dass die Mütter aufgrund der Geschenke eine unterschiedliche Ausprägung in der Verbalisierung der Gefühle zeigen.

Tabelle 56: Skala „Verbalisierung von Gefühlen" getrennt nach dem Geschlecht des Kindes in den Geschenksituationen (Mittelwerte u. Streuung der Skala III Verbalisierung von Gefühlen. Skalenwerte 1-6)

Geschenk-situationen	Gesamt		Mädchen			Jungen		
	N	MW	N ♀	MW	SD	MW	SD	N ♂
Geschenk-übergabe	26	3.92	14	3.86	1.29	4.00	0.85	12
Zug	26	3.08	14	3.50	1.09	2.58	0.90	12
Puzzle	26	3.23	14	3.21	1.12	3.50	1.24	12
Finger-puppen	26	3.46	14	3.50	0.76	3.25	1.29	12
Ball	26	3.46	14	3.43	0.85	3.42	0.97	12
Glocken-spiel	26	3.35	14	3.29	1.54	3.42	1.24	12

Die Ergebnisse der zweifaktoriellen Varianzanalyse mit Messwiederholung zeigten insgesamt keine signifikanten Geschlechtsunterschiede in der Verbalisierung von Gefühlen durch die Mütter (Tabelle 57). Es konnte aber ein signifikanter Einfluss der Geschenksituationen auf die Verbalisierung der Mütter nachgewiesen werden (Tabelle 58). Die Mütter unterschieden sich demnach in der Ausprägung der Verbalisierung der Gefühle je nach Geschenksituation. Abbildung 21 legt nahe, dass es aber einen Geschlechtsunterschied in den mütterlichen Reaktionen auf den Zug gab. Mithilfe eines T-Tests für unabhängige Stichproben konnte ein signifikanter Geschlechtsunterschied in der Geschenksituation

„Zug" bestätigt werden (t = 2.3, p = 0.03). Mütter von Mädchen zeigten in der Geschenksituation „Zug" signifikant höhere Verbalisierungswerte als Mütter von Jungen.

Tabelle 57: Test of Between-Subject Effect der „Verbalisierung von Gefühlen" getrennt nach dem Geschlecht des Kindes in den Geschenksituationen

Source	Sum of Squares	Df	Mean Square	F	Sig.	Eta Squared
Sex	0.413	1	0.413	0.139	0.713	0.006
Error	71.337	24	2.972			

Tabelle 58: Tests of Within-Subjects Effects der „Verbalisierung von Gefühlen" getrennt nach dem Geschlecht des Kindes in den Geschenksituationen

	Sum of Squares	Df	Mean Square	F	Sig.	Eta Squared
Sphericity Assumed (Geschenke)	11.499	5	2.300	2.509	0.034	0.095
Sphericity Assumed (Geschenke x Sex)	5.346	5	1.069	1.166	0.330	0.046
Sphericity Assumed Error	110.020	120	0.917			

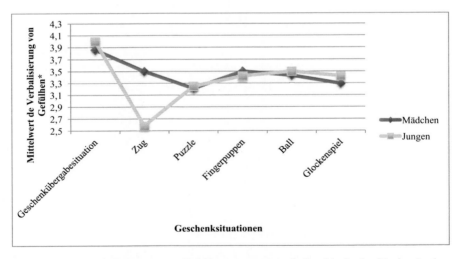

Abbildung 21: Verbalisierung von Gefühlen, getrennt nach Geschlecht des Kindes, in den Geschenksituationen

*(2 = keine verbale Reaktion 4 = sachlich 5 = stimmhafte emotionale Begleitung)

Abbildung 21 veranschaulicht die Unterschiede in der Verbalisierung von Gefühlen je nach Geschenk. Wie aus der Grafik hervorgeht, scheint der signifikante Unterschied in der Verbalisierung von Gefühlen vor allem aufgrund der Unterschiede zwischen der ersten Geschenksituation und einer der übrigen Geschenksituationen zustande zu kommen. Die Mütter zeigten in der ersten Geschenksituation die stärkste Ausprägung in der Verbalisierung von Gefühlen und in den Geschenksituationen „Puzzle" und „Glockenspiel" die schwächste Ausprägung in der Verbalisierung von Gefühlen. Zur Überprüfung dieser Annahme wurde ein T-Test mit Bonferroni-Adjustierung zur Fehlerminimierung verwendet. Die Analyse ergab aber keine signifikanten Unterschiede in den direkten Vergleichen der Verbalisierung zwischen den Geschenksituationen. Der vermutete signifikante Unterschied zwischen der ersten Geschenksituation und einer der übrigen Geschenksituationen konnte somit nicht festgestellt werden. Die unabhängigen Variablen Geschlecht und Geschenksituation wiesen zudem keinen Interaktionseffekt auf (Tabelle 58).

3.5.2 Mutter-Skala Wertschätzung der Geschenke und der Situation.

Tabelle 59: Skala „Wertschätzung der Geschenke und der Situation" je nach Geschlecht des Kindes und Geschenksituation (Mittelwerte u. Streuung der Skala V Wertschätzung der Geschenke und der Situation. Skalenwerte 1-6)

Geschenk-situationen	Gesamt		Mädchen			Jungen		
	N	MW	N	MW	SD	N	MW	SD
Geschenk-übergabe	26	2.96	14	3.14	1.96	12	2.75	1.71
Zug	26	3.27	14	3.79	1.93	12	2.67	2.15
Puzzle	26	3.08	14	3.29	2.20	12	2.83	1.64
Finger-puppen	26	3.58	14	4.14	1.96	12	2.92	1.73
Ball	26	3.42	14	2.86	1.92	12	4.08	1.51
Glocken-spiel	26	3.12	14	3.36	1.82	12	2.83	1.75

Tabelle 59 gibt die Mittelwerte der Skala Wertschätzung der Geschenke und der Situation je nach Geschlecht des Kindes und Geschenksituationen wieder. Mütter von Jungen zeigten in der Geschenksituation „Ball" eine deutlich höhere Wertschätzung als Mütter von Mädchen. Bei allen anderen Geschenksituationen hingegen signalisierten die Mütter von Mädchen eine höhere Wertschätzung des Geschenkes. Wie Abbildung 22 veranschaulicht, waren die Unterschiede zwischen den Müttern von Mädchen und Jungen am größten in den Geschenksituationen „Zug", „Fingerpuppen" und „Ball".

Die Analyse der Unterschiede in der Wertschätzung der Mütter mithilfe einer zwei-faktoriellen Varianzanalyse mit sechsfacher Messwiederholung erbrachten allerdings keine allgemeinen signifikanten Unterschiede (Tabelle 60). Mütter von Mädchen und Jungen unterschieden sich generell nicht im Ausmaß der Wertschätzung der Geschenke und der Geschenksituation. Auch eine separate Untersuchung der Geschlechtsunterschiede in den Geschenksituationen „Zug", „Fingerpuppen" und „Ball" blieb ohne signifikante Unter-schiede (Geschenksituation Zug: $t = 1.40$, $p = 0.174$; Geschenksituation Fingerpuppen; $t = 1.680$, $p = 0.106$; Geschenksituation Ball: $t = -1.792$, $p = 0.086$).

Tabelle 60: Test of Between-Subject Effect der „Wertschätzung der Geschenke und der Situation" je nach Geschlecht des Kindes und Geschenksituation

Source	Sum of Squares	Df	Mean Square	F	Sig.	Eta Squared
Sex	6.332	1	6.332	0.891	0.355	0.036
Error	170.575	24	7.107			

Trotz der in Abbildung 22 ersichtlichen Unterschiede in der Wertschätzung je nach Ge-schenksituation konnte kein signifikanter Einfluss der Geschenksituationen auf die Wert-schätzung der Mutter festgestellt werden (Tabelle 61). Die Ausprägung der mütterlichen Wertschätzung variiert somit nicht signifikant mit der Art der Geschenksituation.

Die Überprüfung eines möglichen Interaktionseffektes zwischen dem Geschlecht des Kindes und den Geschenksituationen erbrachte ebenfalls kein signifikantes Ergebnis (Tabelle 61).

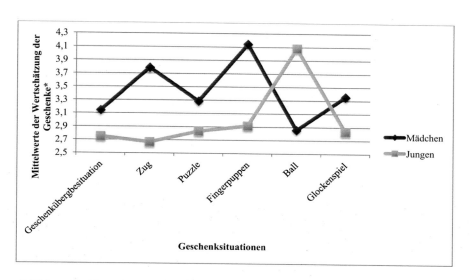

Abbildung 22: Wertschätzung der Geschenke, getrennt nach Geschlecht des Kindes, in den Geschenksituationen

*(2 = indirekte sachliche Wertschätzung 3 = sachliche Wertschätzung 4 = indirekte empathische Wertschätzung)

Tabelle 61: Tests of Within-Subjects Effects der „Wertschätzung der Geschenke und der Situation" je nach Geschlecht des Kindes und Geschenksituation

	Sum of Squares	Df	Mean Square	F	Sig.	Eta Squared
Sphericity Assumed (Geschenke)	7.101	5	1.420	.546	0.741	0.022
Sphericity Assumed (Geschenke x Sex)	24.948	5	4.990	1.917	0.096	0.074
Sphericity Assumed Error	312.264	120	2.602	312.264		

3.5.3 Mutter-Skala Förderung des kindlichen Wohlbefindens

Tabelle 62: Skala „Förderung kindlichen Wohlbefindens" je nach Geschlecht des Kindes und Geschenksituation (Mittelwerte u. Streuung der Skala IV „Förderung kindlichen Wohlbefindens". Skalenwerte 1-6)

Geschenk-situationen	Gesamt		Mädchen			Jungen		
	N	MW	N	MW	SD	N	MW	SD
Geschenk-übergabe	26	3.12	14	3.23	0.60	12	3.00	0.00
Zug	26	3.52	14	3.69	0.95	12	3.33	1.07
Puzzle	26	3.36	14	3.23	1.09	12	3.50	1.09
Finger-puppen	26	3.28	14	3.08	0.64	12	3.50	1.00
Ball	26	3.04	14	3.00	0.00	12	3.08	0.29
Glocken-spiel	26	3.56	14	3.92	1.55	12	3.17	0.72

Tabelle 62 gibt die Mittelwerte der Skala Förderung kindlichen Wohlbefindens je nach Geschlecht des Kindes wieder. Mütter von Jungen zeigten eine höhere Ausprägung in der Förderung des kindlichen Wohlbefindens in den Geschenksituationen „Puzzle" und „Fingerpuppen" und Mütter von Mädchen zeigten eine höhere Ausprägung der Förderung kindlichen Wohlbefindens in den Geschenksituationen „Zug", „Glockenspiel" und der Einführungssituation „Geschenkebox". Die Überprüfung der Mittelwertunterschiede mit einer zweifaktoriellen Varianzanalyse mit sechsfacher Messwiederholung ergab aber keine allgemeinen signifikanten Geschlechtsunterschiede (Tabelle 63). Mütter von Mädchen unterschieden sich demnach nicht signifikant in der Förderung des kindlichen Wohlbefindens von Müttern mit Jungen.

Der in Abbildung 23 deutlich ersichtliche Geschlechtsunterschied (Geschenksituation Glockenspiel) in der Ausprägung der Förderung des kindlichen Wohlbefindens durch die Mutter konnte durch einen T-Test für unabhängige Stichproben ebenfalls nicht bestätigt werden (t =1.541, p = 0.137).

Tabelle 63: Test of Between-Subject Effect der „Förderung kindlichen Wohlbefindens" je nach Geschlecht des Kindes und Geschenksituation

Source	Sum of Squares	Df	Mean Square	F	Sig.	Eta Squared
Sex	0.339	1	0.339	0.337	0.567	0.014
Error	23.101	23	1.004			

Weiterhin konnte kein Einfluss der Geschenksituationen auf die Förderung des kindlichen Wohlbefindens festgestellt werden (Tabelle 64), angepasster Greenhouse-Geisser-Wert). Die Förderung des kindlichen Wohlbefindens durch die Mütter unterschied sich somit nicht signifikant je nach der Geschenkart. Ein Interaktionseffekt zwischen dem Geschlecht des Kindes und den Geschenksituationen konnte ebenfalls nicht festgestellt werden (Tabelle 64, angepasster Greenhouse-Geisser-Wert).

Tabelle 64: Tests of Within-Subjects Effects der „Förderung kindlichen Wohlbefindens" je nach Geschlecht des Kindes und Geschenksituation

Source	Sum of Squares	Df	Mean Square	F	Sig.	Eta Squared
Greenhouse-Geisser (Geschenke)	5.234	3.501	1.495	1.444	0.232	0.059
Greenhouse-Geisser (Geschenke x Sex)	5.981	3.501	1.708	1.650	0.177	0.067
Greenhouse-Geisser) Error	83.532	80.532	1.035			

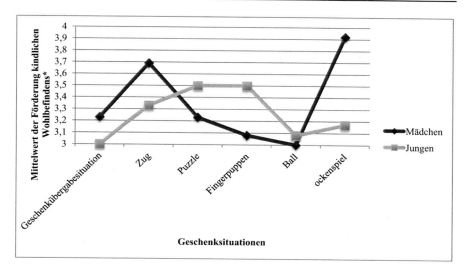

Abbildung 23: Förderung kindlichen Wohlbefindens je nach Geschlecht des Kindes und Geschenksituation

*(3 = keine Reaktion 4 = Ermutigung zur Aktivität)

3.5.4   Personenübergreifende Skala „Emotionales Klima"

Tabelle 65: „Emotionales Klima" je nach Geschlecht des Kindes und Geschenksituation (Mittelwerte u. Streuung der Skala II Emotionales Klima. Skalenwerte 1-5)

Geschenk-situationen	N	MW	Mädchen N ♀	MW	SD	Jungen N ♂	MW	SD
Geschenk-übergabe	26	3.77	14	3.93	0.92	12	3.58	0.97
Zug	26	3.42	14	3.71	0.73	12	3.08	0.67
Puzzle	26	3.69	14	3.86	0.66	12	3.50	0.80
Finger-puppen	26	3.77	14	3.93	0.83	12	3.58	0.83
Ball	26	3.85	14	4.00	0.88	12	3.67	0.96
Glocken-spiel	26	3.69	14	3.93	0.83	12	3.42	1.17

Aus Tabelle 65 wird ersichtlich, dass in jeder Geschenksituation das emotionale Klima bei Mutter/Kind-Paaren mit einem Mädchen stärker ausgeprägt war als bei Mutter/Kind-Paaren mit einem Jungen. Eine zweifaktorielle Varianzanalyse mit sechsfacher Messwiederholung konnte diese Unterschiede jedoch nicht bestätigen (Tabelle 66, angepasster Greenhouse-Geisser-Wert). Der konstant zu beobachtende Unterschied im emotionalen Klima zwischen Mutter- und Kind-Paaren mit Mädchen bzw. mit Jungen legt nahe, dass ein Situationen übergreifender Unterschied im emotionalen Klima vorhanden war (Abbildung 24). Zur Überprüfung dieser Annahme wurde für alle Mutter/Kind-Paare die Trennung des emotionalen Klimas nach Geschenksituationen aufgelöst, sodass aus den 26 Fällen insgesamt 26 x 6 Fälle (156) Fälle entstanden. Es wurde also überprüft, ob sich die Mutter/Kind-Paare im emotionalen Klima aufgrund des kindlichen Geschlechtes über alle Situationen hinweg unterscheiden. Mithilfe eines T-Tests für unabhängige Stichproben wurden die vermuteten Unterschiede im emotionalen Klima zwischen den Mutter/Kind-Paaren mit einem Jungen bzw. Mädchen über die Geschenksituationen hinweg überprüft. Das Ergebnis bestätigt einen signifikanten Unterschied im emotionalen Klima zwischen den Mutter/Kind-Paaren mit einem Mädchen und einem Jungen (t = 3.044, p = 0.003). Mutter/Kind-Paare mit einem Mädchen erzielen demnach ein signifikant wärmeres emotionales Klima als Mutter/Kind-Paare mit einem Jungen.

Tabelle 66: Test of Between-Subject Effect des „Emotionalen Klimas" je nach Geschlecht des Kindes und Geschenksituation

Source	Sum of Squares	Df	Mean Square	F	Sig.	Eta Squared
Sex	6.860	1	6.860	1.956	0.175	0.075
Error	84.147	24	3.506			

Aus der Abbildung 24 lässt sich erkennen, dass das emotionale Klima in seiner Ausprägung in Abhängigkeit von der Geschenksituation variierte. Die zweifaktorielle Varianzanalyse mit sechsfacher Messwiederholung bestätigt einen signifikanten Einfluss der Geschenksituationen auf das emotionale Klima. Das emotionale Klima der Mutter/Kind-Paare unterschied sich je nach Geschenksituationen signifikant (Tabelle 67, angepasster Greenhouse-Geisser-Wert). Ein *Post-hoc-Vergleich* (T-Test mit Bonferroni-Adjustierung zur Fehlerminimierung) konnte einen signifikanten (p = 0.01) Unterschied zwischen der Geschenksituation „Zug" und der Geschenksituation „Fingerpuppen" als auch zwischen der Geschenksituation „Zug" und der Geschenksituation „Ball" feststellen (p = 0.03).

Tabelle 67: Tests of Within-Subjects Effects des „Emotionalen Klimas" je nach Geschlecht des Kindes und Geschenksituation

Source	Sum of Squares	Df	Mean Square	F	Sig.	Eta Squared
Greenhouse-Geisser (Geschenke)	2.950	3.460	0.853	2.667	0.045	0.100
Greenhouse-Geisser (Geschenke x Sex)	0.488	3.460	0.141	0.442	0.751	0.018
Greenhouse-Geisser) Error	26.544	83.046	0.320			

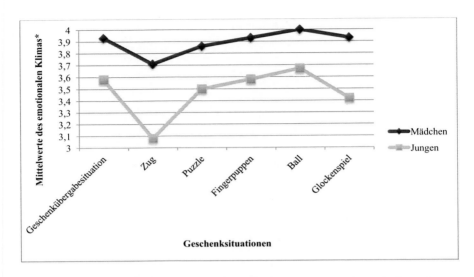

Abbildung 24: Emotionales Klima je nach Geschlecht des Kindes und Geschenksituation

*(3 = neutral 4 = warm)

3.6 Vorhersage der emotionalen Reaktionen des Kindes durch die Mutterskalen in der Geschenksituation

Für die Vorhersage der emotionalen Reaktionen der Kinder durch das Verhalten der Mutter in der jeweils gleichen Geschenksituation wurde eine multiple (lineare) Regressionsanalyse durchgeführt. Die emotionale Reaktion des Kindes in einer spezifischen Situation bildete dabei die jeweilige Kriteriumsvariable. Die Skalen „Emotionale Reaktionen der Mutter", „Wertschätzung der Geschenke", „Förderung des kindlichen Wohlbefindens", „Verbalisierung von Gefühlen" waren die Prädikatorvariablen. Für die Analyse wurde für alle Mutter/Kind-Paare die Trennung der Skalen nach Geschenksituationen aufgelöst, sodass aus den 26 Fällen insgesamt 26 x 7 Fälle (182) entstanden[6]. Dies ermöglichte die Berechnung des Regressionsgewichtes ungeachtet des Geschenkes.

Die Analyse ergab einen schwachen adjustierten Regressionswert (R^2 adj = 7.0 %). Die Regression beschreibt 9.0 % (R^2) der Varianz der emotionalen Reaktionen des Kindes. Der allgemeine Zusammenhang war hingegen signifikant (F (4.177) = 4.381, p = 0.002). Die emotionalen Reaktionen der Kinder waren positiv mit den emotionalen Reaktionen der

---

[6] Da die emotionalen Reaktionen des Kindes insgesamt siebenmal gemessen wurden, wurde die Geschenkübergabesituation für die situationsübergreifenden Skalen (Verbalisierung von Gefühlen, Wertschätzung der Geschenke und der Situation, Förderung kindlichen Wohlbefindens und emotionales Klima) angepasst und zweimal bewertet.

Mütter verbunden. Für jede Stufenerhöhung der emotionalen Reaktion der Mutter erhöht sich die emotionale Reaktion des Kindes um 0.39. Ebenfalls zeigte sich ein positiver Zusammenhang zwischen der Wertschätzung der Geschenke bzw. der Förderung des kindlichen Wohlbefindens und den emotionalen Reaktionen des Kindes. Jede Stufenerhöhung in der mütterlichen Wertschätzung bzw. in der Förderung des kindlichen Wohlbefindens führt zu einer Erhöhung der emotionalen Reaktion des Kindes um 0.052 bzw. 0.005. Die Verbalisierung von Gefühlen war hingegen negativ mit den emotionalen Reaktionen der Kinder verbunden. Mit jeder Stufenerhöhung der Skala Verbalisierung verringerte sich die emotionale Reaktion des Kindes um .039.

Insgesamt zeigte sich aber nur bei den emotionalen Reaktionen der Mütter ein signifikanter Effekt (t = 3046. p = 0.001).

3.7 Mütterliche Sensitivität und emotionale Reaktionen der Mütter und Kinder

Zur Untersuchung des Zusammenhanges zwischen der mütterlichen Sensitivität, als das Kind 12 Monate alt war, und den emotionalen Reaktionen der Mütter bzw. Kinder auf die Geschenke, als die Kinder 22 Monate alt waren, wurde jeweils eine zweifaktorielle Varianzanalyse mit siebenfacher Messwiederholung durchgeführt (1 Faktor = Sensitivität mit zweifacher Ausprägung (*between-subject-design*). Zweiter Faktor = Geschenke mit siebenfacher Messwiederholung (*within-subject-design*). Die fünfstufige Sensitivitätsskala nach Ainsworth et al. (1971) wurde dafür auf die Dimensionen „sensitiv" (Skalenwerte von sechs bis neun) und „nicht sensitiv" (Skalenwerte fünf bis eins) reduziert. Zur Validierung der Ergebnisse wurde jeweils eine Regressionsanalyse durchgeführt.

3.7.1 Mütterliche Sensitivität mit 12 Monaten (Alter des Kindes) und emotionale Reaktionen der Mütter auf die Geschenke mit 22 Monaten (Alter des Kindes).

Tabelle 68: Emotionale Reaktionen von sensitiven und nicht sensitiven Müttern (Mittelwerte u. Streuung der Skala Ia emotionale Reaktionen der Mütter. Skalenwerte 1-6)

	Sensitive Müttern			Nicht-sensitive Mütter		
Geschenke	N	MW	SD	N	MW	SD
Sichtkontakt mit der Geschenkebox	14	4.88	1.36	12	3.47	1.81
Öffnen der Geschenkebox	14	5.25	0.707	12	4.06	1.39
Zug	14	4.50	1.07	12	3.47	1.33
Puzzle	14	4.13	0.99	12	3.47	1.33
Fingerpuppen	14	4.38	1.06	12	4.12	1.05
Ball	14	4.70	1.39	12	4.12	1.05
Glockenspiel	14	4.50	0.93	12	3.65	1.12

Tabelle 68 gibt einen Überblick über die Mittelwerte der emotionalen Reaktionen von sensitiven und nicht sensitiven Müttern auf die Geschenke. Die Mittelwerte der sensitiven Mütter waren über alle Geschenke hinweg stärker ausgeprägt als bei den nicht sensitiven Müttern. Die Varianzanalyse konnte diese Unterschiede bestätigen (Tabelle 69). Mütter, die mit zwölfmonatigen Kindern als feinfühlig eingeschätzt wurden, zeigten signifikant höhere Werte in den emotionalen Reaktionen auf die Geschenke bei 22 Monaten als Mütter, die mit dem zwölfmonatigen Kind als nicht feinfühlig eingeschätzt wurden. Dieses Ergebnis konnte durch eine Regressionsanalyse bestätigt werden (R^2 adj = 4.8 %, R^2 = 5.3 %, t = 9.811, p =0.002). Abbildung 25 verdeutlicht dieses Ergebnis. Der größte Unterschied bestand in den ersten zwei Situationen. Die sensitiven Mütter zeigten vor allem bei der Einführung des Geschenkpaketes deutlich ausgeprägtere emotionale Reaktionen als die nicht sensitiven Mütter. Ein Haupteffekt der Geschenke auf die emotionalen Reaktionen der Mutter sowie ein Interaktionseffekt zwischen der mütterlichen Sensitivität und den Geschenken konnte hingegen nicht festgestellt werden (Tabelle 70, angepasster Greenhouse-Geisser-Wert).

Tabelle 69: Test of Between-Subject Effect der emotionalen Reaktionen von sensitiven und nicht sensitiven Müttern

Source	Sum of Squares	Df	Mean Square	F	Sig.	Eta Squared
Sensitivität	28.183	1	28.183	4.612	0.043	0.167
Error	140.537	23	6.110			

Tabelle 70: Tests of Within-Subjects Effects der emotionalen Reaktionen von sensitiven und nicht sensitiven Müttern

Source	Sum of Squares	Df	Mean Square	F	Sig.	Eta Squared
Greenhouse-Geisser (Geschenke)	10.613	3.243	3.272	2.015	0.114	0.081
Greenhouse-Geisser (Geschenke x Sex)	4.853	3.243	1.496	0.921	0.441	0.039
Greenhouse-Geisser) Error	121.147	74.593	1.624			

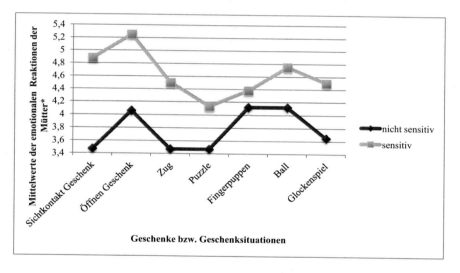

Abbildung 25: Sensitivitätsunterschiede in den emotionalen Reaktionen der Mütter

*(3 = neutral-überrascht 4 = emotional-überrascht 5 =freundlich-überrascht 6 = fröhlich-überrascht)

3.7.2 Mütterliche Sensitivität mit 12 Monaten (Alter des Kindes) und emotionale Reaktionen der Kinder mit 22 Monaten (Alter des Kindes)

Tabelle 71 gibt die Mittelwerte der emotionalen Reaktionen der Kinder von sensitiven und nicht sensitiven Müttern auf die Geschenke wieder. Aus der Tabelle lässt sich erkennen, dass Kinder von sensitiven Müttern zu allen Zeitpunkten emotional positiver reagierten als Kinder von nicht sensitiven Müttern. Die Überprüfung dieser Unterschiede konnte mit einer Varianzanalyse unterstützt werden (Tabelle 72). Eine Regressionsanalyse konnte dieses ebenfalls unterstützen (R^2 adj = 3.2 %, R^2 = 3.7 %, t = 2.591, p = 0.001).

Tabelle 71: Emotionale Reaktionen der Kinder von sensitiven und nicht sensitiven Müttern (Mittelwerte u. Streuung der Skala Ib emotionale Reaktionen der Kinder. Skalenwerte 1-7)

Geschenke	Kinder von sensitiven Müttern			Kinder von nicht sensitiven Müttern		
	N	MW	SD	N	MW	SD
Sichtkontakt mit der Geschenkebox	14	4.75	2.12	12	3.29	1.93
Öffnen der Geschenkebox	14	4.50	2.07	12	3.06	1.68
Zug	14	4.38	1.85	12	4.18	1.70
Puzzle	14	4.63	1.92	12	3.76	1.44
Fingerpuppen	14	5.00	1.31	12	3.29	1.76
Ball	14	5.38	1.30	12	4.47	1.86
Glockenspiel	14	4.75	2.38	12	3.59	1.81

Die Überprüfung eines möglichen Haupteffektes der Geschenke sowie eines Interaktionseffektes zwischen der mütterlichen Sensitivität und den Geschenken erbrachte kein signifikantes Ergebnis (Tabelle 73).

Erweiternd lässt sich in Abbildung 26 erkennen, dass Kinder von nicht sensitiven Müttern stärkere Ausschläge in den emotionalen Reaktionen bei den Geschenken „Zug" und „Ball" zeigten als Kinder von sensitiven Müttern.

Tabelle 72: Test of Between-Subject Effects der emotionalen Reaktionen der Kinder von sensitiven und nicht sensitiven Müttern

Source	Sum of Squares	Df	Mean Square	F	Sig.	Eta Squared
Sensitivität	46.412	1	46.412	6.231	0.020	0.213
Error	171.108	23	7.439			

Tabelle 73: Tests of Within-Subjects Effects der emotionalen Reaktionen der Kinder von sensitiven und nicht sensitiven Müttern

Source	Sum of Squares	Df	Mean Square	F	Sig.	Eta Squared
Sphericity Assumed (Geschenke)	16.075	6	2.697	1.070	0.383	0.044
Sphericity Assumed (Geschenke x Sex)	8.281	6	1.380	0.551	0.768	0.023
Sphericity Assumed Error	345.399	138	2.503			

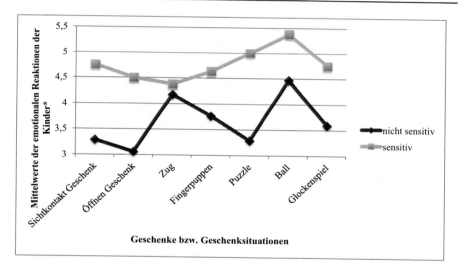

Abbildung 26: Mütterliche Sensitivität mit 12 Monaten und emotionale Reaktionen des Kindes auf die Geschenke mit 22 Monaten

*(3 = neutral 4 = neutral-überrascht 5 = freundlich-überrascht 6 = erfreut)

4 Diskussion

In dieser Arbeit wurde untersucht, wie Mütter eine Geschenksituation für ihre Kinder emotional gestalten. Ausgehend von der Behauptung von Ekman und Friesen (1975), dass Kinder durch ihren Kontext Darbietungsregeln vermittelt bekommen, wurde untersucht, welchen Beitrag die Mütter zu der Entwicklung von Darbietungsregeln im Kleinkindalter leisten. Zunächst wurde untersucht, in welcher Form Mütter die Geschenksituation gestalten, um den Kindern die Entwicklung eines emotional-kognitiven Skriptes zu ermöglichen. Es zeigte sich, dass Mütter die Geschenksituation strukturieren, indem sie ihren Kindern deutlich häufiger das Auspacken der Geschenke überließen. Sie erfassten die Geschenksituation für ihre Kinder, indem sie ihnen unterstützend zur Seite standen und sie in den Mittelpunkt des Geschehens rückten. Dass sich die Mütter trotzdem aktiv in der Strukturierung der Geschenksituation beteiligten, zeigte sich daran, dass sie ebenso häufig die Initiative in der Beschäftigung mit einem Geschenk ergriffen wie ihre Kinder. Diese Strukturierung der Situation durch die Mütter kann als eine Bedeutungszuschreibung der Situation auf struktureller Ebene für das Kind verstanden werden. Von frühauf werden den Kindern die eigenen Rollen in einer Geschenksituation vermittelt, die am Ende auch die kindlichen Darbietungsregeln beeinflussen. Wie Holodynski (2005) beschreibt, bemühen sich Mütter im Prozess der Ko-Regulation darum, dass die Kinder eine Kontingenz zwischen Emotionsanlass und emotionalem Ausdruck erfahren. Diese Kontingenz wird unterstützt, indem die Mütter den Emotionsanlass für die Kinder deutlich definieren. Dies geschieht in einer Geschenksituation über die Strukturierung der Situation, d. h. die Betonung der kindlichen und der mütterlichen Rolle.

Die Geschenke und die Situation bewerteten die Mütter hingegen weniger emotional-empathisch, als erwartet wurde. Die Wertschätzung fiel häufiger sachlich aus als emotional-empathisch. Von den empathischen Reaktionen zeigten sie am häufigsten ausführliche Wertschätzungen, indem sie die Geschenke in vollständigen Sätzen positiv bewerteten.

Ein ähnliches Bild war bei der Verbalisierung der kindlichen Emotionen zu beobachten. Die Mütter verbalisierten die Emotionen ihrer Kinder häufiger sachlich als emotional. Sie begleiteten die Emotionen des Kindes zudem häufiger stimmhaft, als sie zu benennen, und spiegelten die Emotionen des Kindes nur selten verbal wider. Es zeigte sich aber deutlich, dass Mütter über den emotionalen Ausdruck dem Kind die positive Emotionalität einer Geschenksituation vermitteln. Die Mütter zeigten deutlich häufiger einen emotional positiven Ausdruck als einen emotional negativen Ausdruck. Allerdings handelte es sich dabei öfters um eine einfache emotionale Reaktion als um eine „fröhlich-überrascht" Reaktion.

Dies spiegelte sich auch im emotionalen Klima wider. Das emotionale Klima war deutlich häufiger warm als neutral. Ein neutrales Klima konnte aber häufiger festgestellt werden als ein sehr warmes emotionales Klima. Die Förderung des kindlichen Wohlbefindens stand hingegen in keinem Zusammenhang mit dem zu erwartenden vorgelebten emotional-kognitiven Skript der Mutter. Die Mütter reagierten deutlich häufiger nicht fördernd als fördernd. Bei den nicht fördernden Reaktionen der Mutter handelte es sich aber zum größ-ten Teil um eine Reaktionslosigkeit der Mütter. Kritische und abwertende Aussagen konn-ten nur vereinzelt festgestellt werden.

Bei den Kindern zeigten sich deutlich mehr emotional negative Reaktionen als emotional positive Reaktionen. Es kann daraus schlussgefolgert werden, dass sich bei den Kindern noch kein emotional-kognitives Skript einer Geschenksituation ausgebildet hat und sie die Geschenksituation noch nicht als ein emotional positives Ereignis einordnen können.

Wie in der Untersuchung festgestellt werden konnte, definierten die Mütter die emotionale Bedeutung der Geschenksituation für die Kinder durch ihren emotionalen Ausdruck. Die Mütter reagierten auf das Öffnen der Geschenkebox mit einer emotional positiveren Reak-tion als auf die folgenden einzelnen Geschenke. Der positive emotionale Ausdruck der Mütter kann als ein „Dankeschön-Gesicht" und somit als eine implizite Darbietungsregel[7] verstanden werden. Von Bedeutung ist dabei, dass die Mütter die positive emotionale Reaktion an geeigneter Stelle ausdrückten. Ein betonter positiver emotionaler Ausdruck bei der Geschenkübergabe und beim Öffnen des Geschenkes ermöglicht dem Kind eine Kontingenz zwischen Emotionsanlass (Übergabe des Geschenkes durch den Schenkenden) und dem emotionalen Ausdruck (Dankeschön-Gesicht) zu erfahren. Kinder lernen dadurch die Darbietungsregel, sich beim Erhalt eines Geschenkes zu freuen.

In der Untersuchung konnten allerdings keine signifikanten Unterschiede in den emotiona-len Reaktionen der Mütter zwischen den ersten beiden Situationen (Einführung des Ge-schenkes und Öffnen der Geschenkebox) und den folgenden Geschenken gefunden wer-den. Dieser fehlende Unterschied ist primär auf die geringe emotionale Ausprägung der mütterlichen Reaktion auf die Erhaltung des Geschenkes zurückzuführen. In der Einfüh-rungssituation schienen die Mütter vor allem mit der Strukturierung der Geschenksituation (wie z. B. die kindliche Aufmerksamkeit auf die Schenkung zu lenken) beschäftigt zu sein, was anscheinend zu einer Dämpfung der emotionalen Reaktionen der Mütter in der Einfüh-rungssituation führte. Es zeigte sich aber, dass die emotionalen Reaktionen der Mütter vom ersten Öffnen der Geschenkebox bis zu dem letzten ausgepackten Geschenk linear abnah-

---

[7] In der Geschenksituation lautet die Darbietungsregel, dass man bei Erhalt eines Geschenkes mit Freude reagiert, sogar wenn das Geschenk keine subjektive Freude auslöst (Saarni, 1984).

men. Die Unterschiede zwischen den emotionalen Reaktionen auf die Geschenke mit der Position 2–7 waren zwar nicht signifikant, das Signifikanzniveau wurde dabei aber nur leicht überschritten. Es kann daher vermutet werden, dass zukünftige Studien mit größeren Teilnehmerzahlen diese Ergebnisse unterstützen können. Eine Untersuchung der emotionalen Reaktionen der Mütter auf die einzelnen Geschenke zeigte, dass Mütter sich aufgrund der Geschenke in den emotionalen Reaktionen unterscheiden. Am ausgeprägtesten reagierten die Mütter auf die Geschenke Fingerpuppen und Ball.

Wie erwartet, konnten bei den Kindern hingegen keine Darbietungsregel konforme Reaktionen gefunden werden. Die geringfügige Überschreitung des Signifikanzniveaus sowie die bisherigen Untersuchungen über die Entwicklung von Darbietungsregeln bestärkt die Interpretation, dass Kinder aufgrund von fehlenden Darbietungsregeln mit geringer Emotionalität auf die Übergabe und das Öffnen des Geschenkpaketes reagieren. Hinzu kommt, dass die Kinder so gut wie keine Unterschiede in den Ausprägungen ihrer emotionalen Reaktionen auf die Geschenke zeigten.

Die von Chaplin, Cole und Zahn-Waxler (2005) aufgestellte These, dass Geschlechtsunterschiede im emotionalen Ausdruck der Kinder das Produkt der elterlichen Erziehungspraktiken sind, konnte für das Kleinkindalter nur tendenziell unterstützt werden. Bei den Müttern zeigte sich zwar kein signifikanter Unterschied in den emotionalen Reaktionen aufgrund des Geschlechtes, doch ließ sich bei den Müttern von Jungen über die Zeit eine deutliche Abnahme in der Emotionalität der mütterlichen Reaktionen feststellen. Bei den Müttern von Mädchen gab es hingegen keine tendenziell abfallenden Entwicklungen in den emotionalen Reaktionen. Ebenfalls konnten keine Geschlechtsunterschiede in den emotionalen Reaktionen der Mütter auf die Geschenke festgestellt werden. Allerdings zeigte sich bei allen Geschenken eine höhere Ausprägung in den emotionalen Reaktionen bei den Müttern von Mädchen.

Bei den Kindern ließen sich, wie vermutet noch keinerlei Geschlechtsunterschiede feststellen. Auffällig waren aber die zeitlich versetzten Reaktionen der Jungen. Während die Mädchen bereits bei dem ersten Einzelgeschenk deutlich fröhlicher reagierten, reagierten die Jungen erst bei dem zweiten Einzelgeschenk. Ob es sich hierbei um ein geschlechtsspezifisches Phänomen handelt, muss durch weitere Untersuchungen bestätigt werden.

Ein deutlicher Unterschied hinsichtlich des Geschlechtes konnte hingegen beim emotionalen Klima festgestellt werden. Die Unterschiede konnten nicht bei Betrachtung der einzelnen Geschenke nachgewiesen werden, jedoch bei Betrachtung der Gesamtsituation. Das emotionale Klima war bei Müttern mit Mädchen über alle Situationen hinweg deutlich wärmer als bei Müttern mit Jungen. Da bei den Kindern keine Geschlechtsunterschiede hinsichtlich des emotionalen Ausdruckes gefunden wurden, bei den Müttern diese aber tendenziell vorhanden waren, kann davon ausgegangen werden, dass der Geschlechtsunterschied im emotionalen Klima primär dem Einfluss der Eltern unterliegt. Zudem zeigten sich beim emotionalen Klima deutliche Unterschiede aufgrund der unterschiedlichen Geschenke. Diese Unterschiede konnten auch bei den Müttern, jedoch nicht bei den Kindern im emotionalen Ausdruck gefunden werden.

Dies unterstützt zum einen die Annahme, dass das emotionale Klima primär durch die mütterliche Expressivität zustande kommt, und zum anderen betont es die Rolle der Mutter in der emotionalen Interaktion zwischen Mutter und Kind. Das emotionale Klima kann somit als eine Einflussgröße auf die kindlichen Emotionen verstanden werden.

Der Einsatz von Sprache als Sozialisationsstrategie zeigte bei den Müttern keinerlei Geschlechtsspezifität. Lediglich beim Geschenk „Zug" verbalisierten Mütter die Emotionen von Mädchen stärker als bei den Jungen.

Wie bereits beim emotionalen Ausdruck festzustellen war, erzielten Mütter in der ersten Situation (Einführung des Geschenkes) deutlich höhere Werte in der Verbalisierung als in den folgenden Geschenksituationen. Die Behauptung von Lytton und Romney (1991), dass die größten geschlechtsspezifischen Sozialisationseinflüsse in den frühen Jahren auftreten, konnte in dieser Arbeit für Kleinkinder in einer Geschenksituation jedoch nicht unterstützt werden. Das Ergebnis bestärkt aber die Bedeutung des emotionalen Ausdruckes als wesentlichsten Sozialisationseinfluss in der frühen Kindheit.

Bei der mütterlichen Bewertung konnten ebenfalls keine signifikanten Geschlechtsunterschiede gefunden werden. Allerdings war die mütterliche Bewertung bei Müttern von Mädchen über alle Situationen mit Ausnahme des Balles ausgeprägter als bei Müttern von Jungen. Die Art der Bewertung der Geschenke durch die Mütter bestimmt nach Ulich und Kapfhammer (1998) zwar die Intensität, mit der Gefühlsregungen entstehen, scheinen aber in ihrem Einfluss den emotionalen Reaktionen untergeordnet zu sein. Trotz der fehlenden signifikanten Unterschiede kann vermutet werden, dass durch die Bewertung, wenn auch nur tendenziell, zu den Geschlechtsunterschieden in der Emotionalität der Kinder beigetragen wurde.

Bei der Förderung des kindlichen Wohlbefindens zeigten sich weder Unterschiede aufgrund des kindlichen Geschlechtes noch aufgrund der Geschenke. Insgesamt konnte aber schon bei der Darstellung der Methoden festgestellt werden, dass die Förderung des Wohlbefindens durch die Mütter einem anderen Konstrukt angehört als die übrigen Skalen.

Zudem muss beachtet werden, dass die Mütter überwiegend reaktionslos blieben. Es kann somit ausgeschlossen werden, dass Mütter über die Förderung des kindlichen Wohlbefindens zu Geschlechtsunterschieden hinsichtlich der kindlichen Emotionalität beitragen.

Aus den bisherigen Ergebnissen konnte soweit abgeleitet werden, dass der emotionale Ausdruck der Mütter, das emotionale Klima und die mütterliche Wertschätzung den emotionalen Ausdruck und somit das subjektive Gefühl des Kindes in der Geschenksituation beeinflussen. Die durchgeführte Regressionsanalyse konnte dies auch für den emotionalen Ausdruck der Mütter bestätigen. Der mütterliche emotionale Ausdruck beeinflusst damit den emotionalen Ausdruck des Kindes. Es kann somit davon ausgegangen werden, dass Mütter in einer Geschenksituation den Kindern primär über ihren eigenen emotionalen Ausdruck die Bedeutung der Geschenksituation und somit auch die zugrunde liegende Darbietungsregel vermitteln. In der Geschenksituation wurde der emotionale Ausdruck von den Müttern zu Beginn der Geschenksituation als Symbol (Dankeschön-Gesicht) für die Kinder eingesetzt. Das Kleinkind muss den emotionalen Ausdruck noch nicht als Symbol (Dankeschön-Gesicht) interpretieren können, um den emotionalen Ausdruck zu replizieren. Die Mutter muss aber zumindest den emotionalen Ausdruck an das Kind als Appell richten, damit diese selbst mit einem emotional positiven Ausdruck reagieren kann. In der Untersuchung konnte häufig beobachtet werden, dass Mütter ihren emotionalen Ausdruck direkt an das Kind richteten. Reagierten die Kinder auf diese Aufforderung nicht, so wurden von den Müttern die emotionalen Reaktionen sowohl mimisch als auch stimmlich wiederholt, bis das Kind diesen selbst imitierte.

Die Verwendung des emotionalen Ausdrucks als Symbol oder Appell hing in der Untersuchung deutlich von der mütterlichen Sensitivität (erfasst im Kindesalter von 12 Monaten) ab. Mütter, die als sensitiv eingeschätzt wurden, zeigten bei allen Geschenken eine höhere Ausprägung in den emotionalen Reaktionen. Die mütterliche Sensitivität kann somit als ein überdauerndes mütterliches Merkmal verstanden werden, die ihren Sozialisationseinfluss auch in hoch emotionalen Situationen über den emotionalen Ausdruck zeigt. Bestärkt wird dieses Ergebnis mit der Tatsache, dass sich bei den Kindern ebenfalls Unterschiede aufgrund der mütterlichen Sensitivität im emotionalen Ausdruck zeigten. Daraus lässt sich ableiten, dass die Ausdrucksreaktion der Mütter nicht als alleiniges Medium in der Ko-Regulation von Mutter und Kind definiert werden kann. Die emotionale Ausdrucksreaktion der Mutter muss auch stimmig auf das jeweilige Verhalten des Kindes passen. Daher muss bei den mütterlichen Ausdrucksreaktionen immer auch die mütterliche Sensitivität mit einbezogen werden.

Zusammenfassend besagen die Ergebnisse, dass Mütter hauptsächlich über den emotionalen Ausdruck und besonders wirkungsvoll bei hoher Sensitivität, bereits bei 22 Monate alten Kleinkindern in einer Geschenksituation zu der Entwicklung von emotionalen Darbietungsregeln beitragen. Die Ergebnisse müssen aber mit Vorsicht interpretiert werden, da die meisten Einflüsse statistisch nicht klar genug abgesichert werden konnten. Es kann aber vermutet werden, dass der Grund für die nur wenigen signifikanten Befunde die geringe Teilnehmeranzahl war. Die Untersuchung von Geschlechtsunterschieden setzt bei einer Varianzanalyse mindestens 20 Teilnehmer je Geschlecht voraus, die in dieser Studie nicht erreicht wurde. Folgende Forschungsarbeiten müssen daher mit einer höheren Teilnehmeranzahl durchgeführt werden.

5 Literaturverzeichnis

- Abelson, R. P. (1981). Psychological status of the script concept. *American Psychologist, Vol 36 (7)*, S. 715-729.
- Altman, J. (1974). Observational study of behavior: Sampling methods. *Behaviour 49*, S. 227-265.
- Ainsworth, M. D. S., Blehar, M. C., Waters, E. und Walls, S. (1978). Patterns of Attachment. A psychological study of the strange. New York: Erlbaum.
- Ainsworth, M. D. S. and Wittig, B. A. (1969). Attachment and the exploratory behavior of one-year-old in a stranger situation. In B. M. Foss (Hrsg.), Determinates of infant behavior, Bd. 4, London: Methuen, S. 113-136.
- Ainsworth, M. D. S., Bell, S. M. And Stayton, D. J. (1972). Individual differences in strange situation behavior of one year Olds. In H. R. Schaffer (Hrsg), The origins of humans realtions, 17-57. London: Acadamic Press.
- Baldwin, A. L. (1955). Behavior and development in childhood. New York: Dryden.
- Baron-Cohen, S., Leslie, A. M. and Frith, U. (1985). Does the autistic child have a „theory of mind"? *Cognition, 21, S. 37-46.*
- Becker, W. C. (1964). Consequences of different kinds of parantal discipline. In M. L. Hoffmann (Hrsg.), Review of child development research, New York: Rusell Sage Foundation.
- Bell, S. M. and Ainsworth, M. D. S. (1972). Infant crying and maternal responsiveness. *Child Development, 43,* S. 1171-1190.
- Bortz, J. (1999). Statistik für Sozialwissenschaftler. Springer Verlag: Berlin
- Bortz, J. und Döring, N. (2003). Forschungsmethoden und Evaluation für Human- und Sozialwissenschaftler. Berlin: Springer Verlag.
- Bridges (1932). Emotional development in early infancy. *Child Development, 3,* S. 324-341.
- Brocke, S. R. (1993). *An examination of the ways in which mothers talk to their male and female children about emotions.* Presentation, Biennial Meeting of the Society for Research in Child Development.
- Brown, J. R. & Dunn, J. (1992). Talk with your Mother or your sibling?: Developmental changes in early family conversation about feelings. *Child Development, 63,* S. 336-349.

- Bühler, Ch. (1928). Kindheit und Jugend. Hirzel: Leipzig

- Campos, J. and Sternberg, C. (1981). Perception, appraisal and emotion. The onset of social referencing. In Lamb, M. and Sherrod, L. (Hrsg.), Infant social cognition. Hillsdale: Earlbaum, S. 273-314.

- Carlson Jones, D., Bowling Abbey, B. und Cumberland, A. (1998). The development of display rule knowledge: Linkages with family expressiveness and social compentence. *Child Development, Vol 69, 4,* S. 1209-1222.

- Chaplin, T. M., Cole, P. M., & Zahn-Waxler, C. (2005). Parental socialization of emotion expression: Gender differences and relations to child adjustment. *Emotion, 5,* 80-88.

- Clark-Carter, D. (2002). Doing quantitativ psychological research. From design to report. New York: Psychology Press.

- Coolican, H. (2003). Research methods and statistics in psychology. London: Hodder & Slougthon.

- Cosmides, L. and Tooby, J. (2000). Evolutionary psychology and the emotions. In Lewis, M. and Haviland-Jones, J. M., (Eds.), Handbook of Emotions. 2.nd. Edition. Seite 91-113. Chapter 7.

- Darwin, Ch. (1872). The Expression of the Emotions in Man and Animals. London.

- Davies, P. T. & Cumming, E. M. (1995). Children's emotions as organizers of their reactions to interadult anger: A functionalist perspective. *Developmental Psychology, 31,* S. 677-684.

- Demos, V. E. (1982). Facial expressions of infants and toddlers: A descreptive analysis. In Fiel, T. Und Fogel, A. (Hrsg.), Emotion and early interaction. Hillsdale, New Jersey: Lawrence Erlbaum Associates, S. 127-160

- Denham, S. A. (1998). Emotional development in young children. New York: Guildford Press.

- Denham, S. A. and Auerbach, S. (1995). Mother-child dialogue about emotions. *Genetic, Social and General Psychology Monographs, 121,* S. 311-338.

- Diehl, J. M. und Staufenberg, T. (2001). Statistik mit SPSS. Version 10. Eschborn: Dietmar Klotz Verlag.

- Dornes, M. (2001). Die diskreten Affekte. In Dornes, M., Der kompetente Säugling: Die präverbale Entwicklung des Menschen. Frankfurt am Main: Fischer Verlag: S. 106-131

- Dunn, J., Bretherton, I. and Munn, P. (1987). Conversations about feeling states between mothers and their young children. *Developmental Psychology, 23*, S. 132-139.

- Eisenberg, N., Cumberland, A., und Spinrad, T. L. (1998). Parental socialization of emotion. *Psychological Inquiry, Vol 9 (4)*, S. 241-273.

- Eisenberg, N., Cumberland, A., Spinnrad, T. L., Fabes, R. A., Shepard, S. A., Reiser, M., Murphy, B.C., Losoya, S. H. & Guthrie, I. K. (2001). The relations of regulation and emotionality to children's externalizing and internalizing problem behavior. *Child Development, 72, 1112-1134.*

- Ekman, P. (1992). Are there basic emotions? *Psychological Review,99, No. 3, S. 550-553.*

- Ekman, P. (1988). Gesichtsausdruck und Gefühl: 20 Jahre Forschung von Paul Ekman. Paderborn: Junfermannsche Verlagsbuchhandlung.

- Ekman, P. und Friesen, W. V. (1975). Unmasking the face. Los Altos: Malor Books.

- Ekman, P. & Keltner, D. (2000). Facial expression of emotion. In Lewis, M. and Haviland-Jones, J. M., (Eds.), Handbook of Emotions. 2nd. Edition. Seite 236-245. Chapter 15.

- Faßnach, G. (1995). Systematische Verhaltensbeobachtung. Eine Einführung in die Methodologie und Praxis. München: Ernst Reinhardt Verlag.

- Feinman, S. (1982). Social referencing in infancy. *Merrill-Palmer Quarterly*, Vol 28(4), Seite 445-470.

- Fernald, A. (1993). Approval and disapproval: Infant responsiveness to vocal effect in familiar and unfamiliar languages. *Child Development, 64*, S. 657-674.

- Fivush,R. (1989). Exploring sex differences in the emotional content of mother-child conversations about the past. *Sex Roles, 20, S.* 675-691.

- Fliedner, R. (2004). Erwachsenen-Kind-Interaktionen in Familien und Kindergärten. Eine Methode zur Feststellung unterschiedlicher Qualitätsniveaus kognitiver Förderung, Europäische Hochschulschriften, Frankfurt am Main: Peter Lang Verlag.

- Garner, P. W., Robertson, S. and Smith, G. (1997). Preschool children's emotional expressions with peers: The roles of gender and emotion socialization. *Sex Roles, 36,* S. 675-691.

- Gnepp, J. und Hess, D. L. R. (1986). Children's understanding of verbal and facial display rules. *Developmental Psychology, 22,* S. 103-108.

- Grossmann, K. E. (1977). Skalen zur Erfassung mütterlichen Verhaltens von Mary D. Ainsworth. In K. E. Grossmann (Hrsg.), *Entwicklung der Lernfähigkeit.* München: Kindler, S. 96-107.

- Harris, P. L. (1989). *Children and Emotion.* Oxford: Basil Blackwell.

- Haviland, J. M. & Lelwica, M. (1987). The induces affect response: 10 week-old infants' responses to three emotion expressions. *Developmental Psychology, 23, 97-104.*

- Hédervári, É. (1995). *Bindung und Trennung. Frühkindliche Bewältigungsstrategien bei kurzen Trennungen von der Mutter.* Wiesbaden : Deutscher Universitätsverlag.

- Holodynski, M. (1999). Handlungsregulation und Emotionsdifferenzierung. In Friedlmeier, W. und Holodynski, M. (Hrsg.), *Emotionale Entwicklung: Funktion, Regulation und soziokultureller Kontext von Emotionen.* Heidelberg: Spektrum Verlag, S. 29-51.

- Holodynski, M. (2005). Am Anfang war der Ausdruck. Meilensteine und Mechanismen der Emotionalen Entwicklung. *Psychologie und Unterricht, 52, S. 229-249.*

- Holodynski, M. (2005b). *Wie neue Emotionen im Lauf der Ontogenese entstehen: Illustriert an der Entstehung von Freude (und Stolz).* Vortrag zur 17. Tagung der Entwicklungspsychologie, Ruhr Universität Bochum.

- Hornick, R., Riesenhoover, N. and Gunnar, M. (1987). The effect of maternal positive, neutral and negative affective communications on infant responses to new toys, *Child Development, 58,* S. 937-944.

- Izard, C. E. (1981); *Die Emotionen des Menschen: Eine Einführung in die Grundlagen der Emotionspsychologie.* Weinheim: Beltz Verlag.

- Izard, C. E. (1994). Intersystem connections. In Ekman, P. and Davidson, R. J., *The Nature of emotion: Fundamental questions.* S. 356-361.

- Izard, C. E. and Malatesta C. Z. (1987). Perspective on emotional development I: Differential emotions theory of early emotional development. In Osofsky, J. D., *Handbook of Infant Development,* 2. nd., S. 494-554.

- Jacobsen, T., Hibbs, E. and Ziegenhain, U. (2000). Matarnal expressed emotion related to attachment disorganization in early childhood: A preliminary report. *Journal of Child Psychology and Psychiatry and Allied Disciplines, 41,* S. 899-906.

- Keller, H., Lohaus, A., Völker, S., Cappenberg, M. und Chasiotis, A. (1999). Temporal contigency as an independant component of parenting behavior. *Child Development, 70,* S. 474-485.

- Kinnear, P. R. and Gray, C. D. (2000). *SPSS for Windows made simple.* Release 10. Hove, East Sussex: Psychology Press.

- Kochanska, G. (2001). Emotional Development in children with different attachment histories. The first three years. *Child Development, 72,* S. 474-490.

- Lazarus, R. S. (1991). Cognition and motivation in emotion. *American Psychologist,46, No. 4, S. 352-367.*

- Lewis, M. (2000). The emergence of human emotions. In Lewis, M. and Haviland-Jones, J. M., (Eds.), *Handbook of Emotions.* 2.nd. Edition. Seite 91-113. Chapter 17, S. 265-280.

- Lewis, M und Michalson, L. (1982). The socialization of Emotions. In Fiel, T. Und Fogel, A. (Hrsg.), *Emotion and early interaction.* Lawrence Erlbaum Associates: New Jersey: Hillsdale, S. 189-212.

- Lewis, M. And Michalson, L. (1993). *Children's emotions and moods: Developmental theory and measurement.* New York: Plenum.

- Lewis-Beck. M. S. (1987). *Applied regression. An introduction.* Series: Quantitativ applications in the social sciences. Beverly Hills, London: Sage Publications.

- Lohaus, A., Ball, J. und Lißmann, I. (2004). Frühe Eltern-Kind-Interaktion. In Ahnert, L. (Hrsg.) *Frühe Bindung. Entstehung und Entwicklung.* München, Basel: Reinhardt Verlag.

- Lytton, H. and Romney D. M. (1991). Parents' differential socialization of boys and girls : A Meta-Analysis. *Psychological Bulletin, Vol. 109 (2), S. 267-296.*

- MacDonald, K. (1992). Warmth as a developmental construct: An evolutionary analysis. Child *Development, 63, S. 753-773.*

- Malatesta, C. Z. and Haviland, J.M. (1982). Learning display rules: The socialisation of emotion expression in infancy. *Child Development, 53, S. 991-1003.*

- Malatesta, C. Z., Lam, C. G., Albin, A. and Culver, C. (1986). Emotion socialisation and expressive development in preterm and full-term infants. *Child Development, 57, S. 316-330.*

- Miller, P. J. and Sperry, L. L. (1988). The socialization and acquisition of emotional meanings, with special reference to language: A repaly to Saarni. *Merrill-Palmer-Quarterly, 34,* S. 217-222.

- Miller, P (1993). *Theorien der Entwicklungspsychologie.* Heidelberg: Spektrum Verlag.

- Mills, R. S. L. and Rubin, K. H. (1993). Socialization factors in the development of social withdrawal. In Rubin K. H. and Asendorf, J. B. (Hrsg), *Social with drawal, inhibition and shyness in childhood.* New York: Hillsdale, S. 117-148.

- Ortony, A. and Turner, T. J. (1990). What's basic about basic emotions? *Psychological Review,97, No. 3, S. 315-331.*

- Perner J., Leekam, S. R., and Wimmer , H. (1987). Three-year-olds' difficulty with false belief: the case for a conceptual defizit. *British Journal of Developmental Psychology, 5, S. 125-137.*

- Petermann, F., Niebank, K. und Scheithauer, H. (2003). Risiken in der frühkindlichen Entwicklung. Entwicklungspsychopathologie der ersten Lebensjahre. Göttingen: Hogrefe Verlag.

- Petermann F. & Wiedebusch S. (2003). Emotionale Kompetenz bei Kindern. Klinische Kinderpsychologie Band 7. Göttingen: Hogrefe Verlag.

- Ramsden, S. R. and Hubbard, J. A. (2002). Family expressiveness and parantal emotion coaching: Their role in children's emotion regulation and agression. *Journal of Abnormal Child Psychology, 30, 657-667.*

- Rauh, H., Dillmann, S., Müller, B. & Ziegenhain, U. (1995). Anfänge der Persönlichkeitsentwicklung in der frühen Kindheit. In A. Kruse & R. Schmitz-Scherzer (Hrsg.), *Psychologie der Lebensalter* (S. 107-122). Darmstadt: Steinkopff

- Rauh, H. & Ziegenhain, U. (1996). Krippenerfahrung und Bindungsentwicklung. In W. Tietze (Hrsg), *Früherziehung. Trends, internationale Forschungsergebnisse, Praxisorientierungen* (S. 97-113). Neuwied: Luchterhand.

- Rauh, H.,Ziegenhain, U. & Müller, B. (2000). Stability and change in infant-mother attachment in the second year of life: Relations to parenting quality and varying degrees of daycare experience. In P. M. Crittenden & A. H. Claussen (Eds.), *The organization of attachment relationships: Maturation, culture, and context.* S. 251-276. New York: Cambridge University Press.

- Ratner, C.(1999). Eine kulturpsychologische Analyse der Emotionen. In Friedlmeier, W. und Holodynski, M. (Hrsg.), *Emotionale Entwicklung: Funktion, Regulation und soziokultureller Kontext von Emotionen.* Heidelberg: Spektrum Verlag, S. 243-258.

- Saarni, C. (1984). An observational study of children's attempts to monitor their expressive behavior. *Child Development,55, S. 1504-1513.*

- Saarni, C.(1979). Children's understanding of display rules for expressive behavior. *Developmental Psychology, 15, S. 424-429.*

- Saarni, C., Mumme , D. & Campos (1988). Emotional development: Action, communication, and understanding. In Eisenberg, N. (Hrsg.), Handbook of child psychology. Vol. 3: Social, emotional and personality development. New York: Wiley, S. 237-311.

- Schaefer, E. S. (1959). A circumplex model for maternal behavior. *Journal of Abnormal and Social Psychology, 59,* S. 226-235.

- Simó, S., Rauh, H. & Ziegenhain, U. (2000). Mutter-Kind-Interaktion in den ersten 18 Lebensmonaten und Bindungssicherheit am Ende des 2. Lebensjahres. *Psychologie in Erziehung und Unterricht, 47,* 118-141.

- Spangler, G., Schieche, M., Ilg, U., Maier, U. und Ackermann, C. (1994). Maternal sensitivity as an external organizer for biobehavioral regulation in infancy. *Developmental Psychobiology, 27,* S. 425-437.

- Spangler, G. und Zimmermann, P. (Hrsg.) (1999*). Die Bindungstheorie, Grundlagen, Forschung und Anwendung. 3* Aufl., Stuttgart: Klett-Cotta:

- Sroufe, A. L. (1996). *Emotional Development: The organization of emotional life in the early years.* Cambridge: Cambridge University Press.

- Stern, D. N. (1985). *The interpersonal World of the Infant. A view from psychoanalysis and development psychology.* New York: Basic Books, Inc.

- Tomkins, S. S. (1963). *Affect, imaginary, consciousness: Vol. 2. The negative effects.* New York: Springer.

- Ulich, D., Kiembaum, J. & Volland, C. (1999). Emotionale Schemata und Emotionsdifferenzierung. In Friedlmeier, W. und Holodynski, M. (Hrsg.), *Emotionale Entwicklung: Funktion, Regulation und soziokultureller Kontext von Emotionen.* Heidelberg: Spektrum Verlag, S. 52-69.

- Ulich, D. Und Kapfhammer H-P. (1998). Sozialisation der Emotionen. In Hurrelmann, K. und Ulich, D. (Hrsg.). *Handbuch der Sozialisationsforschung.* Weinheim: Beltz Verlag, S. 551-571.

- Ulich, D. (1994). Sozialisations- und Erziehungseinflüsse in der emotionalen Entwicklung. In K. Schneewind (Hrsg.), *Psychologie der Erziehung und Sozialisation*. Enzyklopädie der Psychologie, Themenbereich D, Serie I, Bd. I, Göttingen: Hogrefe Verlag, S. 229-257.

- Underwood, M. K., Coie, J.D., Herbsman, C. R. (1992). Display Rules for Anger and Agression in School-Age Children. *Child Development, 63, S. 366-380.*

- Vygotsky, L. S. (1978). *Mind in society: The development of higher psychological processes*. Cambridge: Havard University Press.

- Walden, T. A. and Ogan. T. A. (1988). The development of social referencing. *Child Development, 60,* S. 1511-1518.

- Wimmer, H. and Perner, J. (1983). Beliefs about beliefs: repräsentation and constraining function of wrong beliefs in young children's understanding of deception. *Cognition, 13, S. 103-128.*

- Wolff, P. H. (1969). The natural history of crying and other vocalizations in infancy. In Foss, M. (Hrsg.), *Determinants of infant behavior*, Vol. 4, London: Methuen.

- Zeman, J. und Garber, J. (1996). Display rules for anger, sadness, and pain: It depends on who is watching. *Child Development, 67,* S. 957-973.

- Ziegenhain, U., Kloper, U., Dreisöner, R. Und Rauh, H. (1992). *Skalen zur Bewertung des emotionalen und kommunikativen Ausdrucks der Bezugsperson in Interaktion mit dem Kind (MUSKA)*. Unveröffentlichtes Manuskript, Freie Universität Berlin, Institut für Psychology.

- Ziegenhain, U., Müller, B. & Rauh, H. (1996). Frühe Bindungserfahrungen und Verhaltensauffälligkeiten bei Kleinkindern in einer sozialen und kognitiven Anforderungssituation. *Praxis der Kinderpsychologie und Jugendpsychiatrie,45,* 95-102.

- Ziegenhain, U., Rauh, H. & Müller, B. (1998). Emotionale Anpassung von Kleinkindern an die Krippenbetreuung. In L. Ahnert (Hrsg.), *Tagesbetreuung für Kinder unter drei - Theorien, Tatsachen* Göttingen: Hogrefe. S. 82-98.

- Zimmermann, P. (2005). *Grundwissen Sozialisation. Einführung zur Sozialisation im Kindes- und Jugendalter.* 2., überarb. u. erg. Aufl. Stuttgart: UTB.

- Zimbardo, P. G. und Gerring, R. J. (2005). *Psychologie eine Einführung.* München: Pearson Verlag.

- Zhou, Q., Eisenberg, N., Losoya, S. H., Fabes, R. A., Reiser, M., Guthrie, I. K., Murphy, B. C., Cumberland, A. J. and Shepard, S. A. (2002). The relations of parental warmth an positive expressiveness to children's empathy-related responding and social functioning. A longitudinal study. *Child Development, 73,* S. 839-915.

6 Anhang

A. Ablauf der Untersuchung

B. Einschätzskalen und Beobachtungskategorien zur Bewertung der emotionalen Reaktionen von Mutter und Kleinkind in einer Geschenksituation

Anhang A: Ablauf der Untersuchung

1. Mutter und Kind befinden sich im Zimmer.
2. Untersuchungsleiter kommt in das Zimmer mit dem Geschenk. Er kniet vor dem Kind nieder und stellt das Geschenk ab.
3. Die Versuchsleiterin übermittelt die Instruktionen für die Geschenksituation an Kind und Mutter: „*So (Name des Kindes), wir wollen uns bei Dir bedanken, dass Du und Deine Eltern so lange mitgemacht haben. Du kannst das Geschenk zusammen mit Deiner Mami auspacken. Du darfst das auch alles behalten, nur die Schachtel würden wir gerne wieder mitnehmen.*"
4. Die Versuchsleiterin verlässt das Zimmer.
5. Die Interaktion beginnt.

Anhang B: Einschätzskalen und Beobachtungskategorien zur Bewertung der emotionalen Reaktionen von Mutter und Kleinkind in einer Geschenksituation

Einschätzskalen und Beobachtungskategorien zur Bewertung der emotionalen Reaktionen von Mutter und Kleinkind in einer Geschenksituation

Dr. Michael Glüer
Freie Universität Berlin

November 2005

Einschätzskalen
Ia. Emotionale Reaktion der Mutter
Ib. Emotionale Reaktion des Kindes
II. Emotionales Klima
III. Verbalisierung von Gefühlen
IV. Förderung kindlichen Wohlbefindens
V. Mütterliche Wertschätzung der Geschenke und der Situation

Beobachtungskategorien
I. Wer steht im Mittelpunkt des Geschehens?
II. Wer packt aus?
III. Wer initiiert die Beschäftigung mit dem Geschenk?

SKALA Ia: Emotionale Reaktion der Mutter	Die Skala Ia soll die emotionale Reaktion der Mutter auf das Geschenk erfassen.
6 = Fröhlich-überrascht (freudige emotionale Reaktion)	Die Mutter zeigt deutliches Überraschungsverhalten mit einer ausgeprägten, freudigen emotionalen Reaktion. Dieses Verhalten muss von einem klar erkennbaren, emotional positiven Gesichtsausdruck begleitet sein (z. B. Lächeln, Lachen). Die Tonlage der Stimme sowie die sprachlichen Inhalte (z. B. wie toll, ach wie schön, prima etc.) sind positiv.
5 = Freundlich-überrascht (emotional-warme Reaktion)	Die Mutter zeigt erkennbares Überraschungsverhalten. Dieses Verhalten wird begleitet von positiven Emotionen. Die Mutter kann hier einen erkennbaren positiven Gesichtsausdruck zeigen, muss es aber nicht. Im Vordergrund steht, ob die Mutter stark emotional gefärbtes Überraschungsverhalten zeigt oder nicht. Das Verhalten wird auch dann dieser Kategorie zugeordnet, wenn das Verhalten etwas ruhiger ist, aber in seiner Art sehr positiv und freundlich ausgeprägt ist. Die sprachlichen Inhalte sowie die Stimmlage sind emotional positiv.
4 = Emotional-überrascht (einfache emotionale Reaktion)	Eine Reaktion, die in ihrer Ausprägung eher schwach, aber immer noch als empathisch gewertet werden kann, wird als „emotional-überrascht" gewertet. Die Mutter zeigt keinen erkennbaren freundlichen Gesichtsausdruck. Ihre verbalen Reaktionen sind inhaltlich eher neutral und enthalten keine positiven Aussagen. Es kann sich hierbei um Reaktionen handeln, die laut und deutlich sind, aber nur im geringen Maße emotional eingefärbt sind. Aber auch Reaktionen, die eher leise und ruhig sind, aber eine gewisse emotionale Färbung haben, werden als emotional-überrascht gewertet.
3 = Neutral-überrascht	Überraschungsverhalten, das keine größere Emotionalität erkennen lässt, wird als neutral-überrascht gewertet. Dieses Verhalten gleicht eher einem einfachen Registrieren der Situation. Begleitet wird die Reaktion von sachlichen Aussagen. Oftmals ist hierbei die Reaktion auf das Empfinden der Mutter selbst gerichtet und nicht auf das Kind.
2 = Sachlich-neutral	Die Reaktion der Mutter zeigte keine Überraschung oder andere emotionale Reaktionen auf das Geschenk. Sie reagiert in sachlicher bzw. in neutraler Weise (z. B.: Lenken des Aufmerksamkeitsfokus: „Schau mal da!"). Sowohl die Tonlage als auch der Inhalt der mütterlichen Aussagen sind sachlich.
1 = Keine Reaktion	Die Mutter zeigt überhaupt keine Reaktion, weder sachlich noch emotional.

SKALA Ib: Emotionale Reaktion des Kindes	Skala Ib erfasst die emotionale Reaktion des Kindes auf das Geschenk.
	(Da die Emotionen des Kindes nicht immer unmittelbar erfolgen, werden auch Reaktionen gewertet, die zeitlich verzögert auftreten (< 20 Sekunden).
7 = Fröhlich-überrascht	Die Reaktion des Kindes lässt sichtbare Freude und hörbare Überraschung erkennen. Es lacht sichtbar oder lächelt stark. Sowohl Freude als auch Überraschung sind klar erkennbar.
6 = Erfreut	Das kindliche Verhalten lässt klare Freude erkennen, aber ohne Überraschungsverhalten. Die Reaktion ähnelt der Reaktion von „fröhlich-überrascht", jedoch ohne Überraschungsverhalten.
5 = Freundlich-überrascht	Das Kind zeigt Freude durch leichtes Lächeln oder durch Hochheben des Gegenstandes mit gleichzeitig erkennbarem Überraschungsverhalten. Als „freundlich-überrascht" werden auch solche Reaktionen eingeschätzt, die in ihrer Ausprägung eher schwach sind, aber noch als emotional positiv gewertet werden können..
4 = Neutral-überrascht	Das Kind zeigt Überraschung ohne größere emotionale Färbung. Es ist kein erkennbar positiver Gesichtsausdruck zu erkennen. Die Reaktion ist eher sachlich.
3 = Neutral	Das Kind zeigt kein Überraschungsverhalten und keine sichtbare Freude oder andere Emotionen.
2 = Keine Reaktion	Das Kind reagiert, zeigt jedoch keine Reaktionen.
1 = Zurückhaltend-ängstlich	Das Verhalten des Kindes ist eher zurückhaltend und ängstlich (Es zieht bspw. die Hände zurück oder sucht Schutz bei der Mutter). Das Kind zeigt Anzeichen von Stress und beschäftigt sich mit dem Geschenk nur zögerlich.

SKALA II: Emoti-onales Klima	Die Skala „Emotionales Klima" soll die vorherrschenden Emotionen von Mutter und Kind in der Geschenksituation erfassen. Das emotionale Klima wird anhand unterschiedlicher Faktoren bewertet: <ul><li>Gezeigte Emotionen und Stressanzeichen</li><li>Mimik und Gestik</li><li>Tonlage der Stimme</li><li>Sprachliche Inhalte</li><li>Intensität des kommunikativen Austausches</li><li>Beidseitiger Genuss der Interaktion</li></ul>
5 = Sehr warm	Ein sehr warmes Klima zeichnet sich durch durchgehend positive Emotionen bei Mutter und Kind aus. Die Stimmung ist durchgehend warm und fröhlich. Sowohl bei der Mutter als auch beim Kind sind häufig eindeutige positive Emotionen festzustellen. Weder Mutter noch Kind zeigen irgendwelche Anzeichen von Unmut oder Stress. Die zu beobachtende Mimik und Gestik sind durchgehend positiv. Die Stimme der Mutter ist durchgehend warm und einfühlsam und die mütterlichen Aussagen sind durchgehend positiv. Mutter und Kind führen einen regen kommunikativen Austausch und beide Interaktionspartner genießen die Interaktion durchgehend.
4 = Warm	Mutter und Kind zeigen überwiegend klar erkennbare, positive Emotionen. Auch die Stimmung ist überwiegend freundlich und warm. Ab und zu können sich aber auch neutrale Zeitabschnitte finden. Weder Mutter noch Kind zeigen Anzeichen von Unmut oder Stress. Mimik und Gestik sind überwiegend positiv. Die Stimme der Mutter ist durchgehend warm und einfühlsam. Die Aussagen sind überwiegend positiv. Mutter und Kind kommunizieren zum größten Teil der Zeit. Beide Interaktionspartner genießen überwiegend die Interaktion.
3 = Neutral	Mutter und Kind zeigen hin und wieder erkennbare positive Emotionen. Die Stimmung ist freundlich und nicht kalt. Zum größten Teil der Zeit sind eher emotional neutrale Reaktionen zu finden (Reaktionen, die nicht eindeutig positiv sind). Vereinzelt können Unmut und Stress auftreten. Mimik und Gestik sind weniger häufig positiv ausgeprägt und können auch neutral und vereinzelt negativ sein. Die Stimme der Mutter ist empathisch bis neutral. Mutter und Kind kommunizieren und interagieren selten bis gelegentlich. Beide Interaktionspartner zeigen des Öfteren (aber nicht durchgängig) Anzeichen, dass sie die Interaktion genießen.
2 = Kalt	Mutter und Kind zeigen gelegentliche Anzeichen von Stress und Unmut. Die Stimmung ist häufiger neutral als warm. Es sind nur selten sichtbare positive Emotionen von Kind und Mutter zu erkennen. Aussagen der Mutter enthalten nicht nur positive Aussagen, sondern auch kritisierende und negative Aussagen. Die Stimme der Mutter ist empathisch bis sachlich. Die Kommunikation dient mehr der Steuerung und der Regulation der Interaktion. Mutter und Kind zeigen gelegentliche Anzeichen, dass sie die Interaktion genießen, dies wird aber durch vorherr-

	schende emotionale Kälte übertönt.
1 = Sehr kalt	Beide Interaktionspartner zeigen ausgeprägte Stresszeichen. Es sind nur sehr selten positive Emotionen zu finden. Mutter und Kind scheinen die Situation nur selten zu genießen. Die Mimik und Gestik sind häufiger negativ oder abwertend. Die mütterliche Stimme ist nur selten empathisch und überwiegend harsch und sachlich. Die Aussagen der Mutter sind inhaltlich oftmals negativer Natur.

Skala III: Verbalisierung von Gefühlen	Die Skala „Verbalisieren von Gefühlen„ erfasst, inwieweit die Mutter die Emotionen des Kindes anspricht und benennt. Verbalisieren von Gefühlen bedeutet das inhaltliche Ansprechen von Gefühlen.
6 = Emotionale Spiegelung	Die Mutter greift Reaktionen des Kindes auf, beschreibt sein emotionales Erleben und gibt diese dem Kind spiegelnd zurück. Sie spricht die Gefühle des Kindes direkt an („Das gefällt dir, das macht dir Spaß; oh die findest du schön; das macht dir ein wenig Angst„).
5 = Verbal emotionale Begleitung	Die Mutter thematisiert emotionale Inhalte. Gefühle werden von ihr überwiegend aufgegriffen und benannt, aber nicht weiter ausgeführt (Ach wie schön).
4 = Stimmhafte emotionale Begleitung	Die Mutter thematisiert emotionale Inhalte. Gefühle werden von ihr aufgegriffen, indem sie diese stimmhaft wiedergibt, ohne sie dabei näher zu benennen oder zu beschreiben (z. B. „oh, aubacke, ah „)
3 = Sachlich	Die Mutter reagiert auf die Äußerungen des Kindes mit sachlichen Äußerungen oder Erklärungen. Sie bleibt inhaltlich überwiegend sachlich, ohne sich auf die Gefühlsinhalte allgemein oder sachlich einzulassen (z. B. Kind öffnet das Geschenk und freut sich, die Mutter sagt: „Aha ein Ball oder ahhh, was hast du denn da„).
2 = Keine verbale Reaktion	Die Mutter reagiert sprachlich überwiegend nicht auf die Signale des Kindes, die Gefühle oder Bedürfnisse zum Ausdruck bringen.
1 = Zurückweisend	Die Mutter drückt eine Ablehnung gegenüber den Emotionen des Kindes aus. Sie weist die Emotionen zurück oder wertet diese ab. Zu den Emotionen des Kindes zählen auch emotionale Bedürfnisse des Kindes.

SKALA IV: Förderung kindli-chen Wohlbefindens	Die Skala „Förderung des kindlichen Wohlbefindens" soll die verbalen Aussagen der Mutter zur Förderung des kindlichen Selbstwertgefühles und Wohlbefindens festhalten. Die Aussagen der Mutter müssen direkt sein. Indirekte Aussagen werden nicht gewertet (z. B. Mutter wiederholt, was das Kind bereits gesagt hat: „Ja das ist ein Ball").
6 = Ausführliche Bestätigung	Die Mutter bestätigt das Kind verbal. Sie lobt es und gibt dem Kind eine positive Rückmeldung. Die verbale Reaktion ist emotional, warm und positiv. Sie unterstützt ihre Aussage mit einer entsprechend positiven Mimik (Lächeln, Lachen). Zudem spricht sie in vollen Sätzen.
5 = Einfache Bestätigung	Die Mutter lobt das Kind mit einzelnen Wörtern, ohne ihr Lob weiter auszuformulieren (z. B. „toll, prima").
4 = Ermutigung zur Aktivität	Die Mutter ermutigt das Kind überwiegend zu bestimmten Aktivitäten (z. B. fordert zum Spiel auf oder zum eigenen Versuch). Unter Ermutigung werden keine steuernden Aussagen verstanden (z. B. „Mach das mal auf, guck mal" – sondern: „na, probier mal noch mal, du kannst das, versuch mal feste"). Es steht hier das Kind und seine Absichten im Vordergrund, das die Mutter versucht zu unterstützen. Im Vergleich dazu stehen bei steuernden Aussagen die Absichten der Mutter im Vordergrund.
3 = Keine Reaktionen	Die Mutter zeigt während der gesamten Beobachtungs-zeit keine Anzeichen von Bestätigungen oder abwerten-den bzw. kritisierenden Aussagen.
2 = Kritik	Die Mutter kritisiert das Kind ohne es verstärkt abzu-lehnen. Sie verbessert das Kind oder macht Fehler des Kindes verbal deutlich (z. B. „Nein, das macht man so nicht, man muss das so machen"; „Das geht so nicht") Die Aussagen beziehen sich auf die Handlungen des Kindes.
1 = Abwertende bzw. ableh-nende Aussagen	Die Mutter wertet das Kind verbal ab. Die abwertende Haltung wird durch die mütterliche Mimik oder durch das mütterliche Verhalten unterstützt. Zu abwertenden Aussagen zählen auch ironische Aussagen der Mutter. Diese Aussagen beziehen sich auf die Person des Kindes.

SKALA V: Mütterliche Wertschätzung der Geschenke und der Situation	Die Skala „Mütterliche Wertschätzung" soll die Qualität mütterlicher Aussagen erfassen, die die Besonderheit der Situation und der Objekte (Geschenke) hervorheben.
6 = Ausführliche empathische Wertschätzung:	Die Mutter betont den besonderen Wert der Geschenke und/oder der Situation in ausführlicher und empathischer Weise. Sie spricht in vollen Sätzen und mit einer warmen Stimme. (z. B. „Das ist aber ein schönes Geschenk, das ist wirklich toll"; „Das ist ja wirklich ein schöner Tag für dich mit all diesen Geschenken").
5 = Einfache empathische Wertschätzung	Die Mutter bewertet die Geschenke und/oder die Situation mit einzelnen positiven Wörtern (z. B. "toll, prima"). Sie tut das in einfühlsamer und empathischer Weise.
4 = Indirekte empathische Wertschätzung	Aussagen, die keine direkte positive Bewertungen der Geschenke und/oder der Situation beinhalten, dies aber durchaus erkennen lassen, werden als „indirekt empathisch" eingeschätzt" (z. B. „Mensch, das sind ja viele Geschenke"; „Oh, was ist den das? Ein Auto?"). Indirekte Aussagen werden nur dann als indirekt empathisch eingeschätzt, wenn sie besonders stark betont und warm ausgesprochen werden. Zudem muss es sich um einen vollständigen Satz handeln.
3 = Sachliche Wertschätzung	Mütterliche Aussagen, die die Geschenke und/oder die Situation in unempathischer Weise positiv bewerten, werden als „sachlich" eingeschätzt. Hiezu zählen sowohl Einwortaussagen als auch ausführliche Aussagen.
2 = Indirekte sachliche Wertschätzung	„Indirekt sachlich" gilt als die kleinste erreichbare Stufe der mütterlichen Wertschätzung. Sie entspricht formal der dritten Stufe (indirekt empathisch) mit dem Unterschied, dass diese Aussagen nicht warm und empathisch sind.
1 = Keine Wertschätzung	Die Mutter zeigt im gesamten Beobachtungszeitraum keine Wertschätzung

Kategorie I: Wer steht im Mittelpunkt des Geschehens?	Die Beobachtungskategorie I erfasst die mütterliche Tendenz, die Situation an sich selbst zu reißen oder sie als Situation für das Kind zu erfassen. Die Skala erfasst somit auch die Funktion der Mutter – aus der Sicht des Kindes – in einer emotional wichtigen und positiven Situation.
4 = Tendenz der Mutter die Situation für das Kind zu erfassen	Die Mutter zeigt die Tendenz, vor allem dem Kind die Geschenksituation zu überlassen: • Sie unterstützt das Kind beim Auspacken nur, soweit es nötig ist und fördert die kindliche Autonomie. • Sie begleitet die Geschenksituation verbal. • Die Aussagen beziehen sich eher auf die Interessen und die Emotionen des Kindes („Du möchtest die Puppen auf den Zug setzten"; „Bist du gar nicht neugierig"? „Gefällt dir das"? „Da freust du dich"). • Sie unterbricht die kindliche Handlung nicht, sondern unterstützt oder erweitert diese. • Sie überlässt dem Kind die Kontrolle über die Situation.
3 = Mutter und Kind als gleichberechtigte Partner	Mutter und Kind sind überwiegen gleich häufig und intensiv mit dem Geschenk beschäftigt: • Mutter und Kind packen das Geschenk gemeinsam aus. • Die Aussagen beziehen sich sowohl auf das Kind als auch auf die eigenen Interessen und Emotionen. • Mutter und Kind sind gleich häufig mit den Objekten beschäftigt. • Sowohl Mutter und Kind spielen mit den Geschenken. • Sowohl das Kind als auch die Bezugsperson übernehmen die Initiative. • Die Mutter beschäftigt sich mit einem Geschenk, während sich das Kind mit einem anderen Geschenk beschäftigt.
2 = Tendenz die Situation als unabhängige Situation für das Kind selbst zu erfassen	Die Mutter zeigt die Tendenz, ihr Kind mit dem Geschenk sich selbst zu überlassen: • Sie unterstützt das Kind beim Auspacken eher selten. • Sie spricht nur selten mit dem Kind und macht nur selten Aussagen auf die Interessen oder Emotionen des Kindes. • Sie greift erst ein, wenn das Kind auf ein Problem stößt. • Sie greift so gut wie nicht in die Interaktion ein. • Sie fordert das Kind häufig auf alleine zu spielen. • Sie überlässt dem Kind so gut wie immer die Initiative • Sie ist überwiegend Zuschauer. • Sie unterstützt und fördert die Handlungen des Kindes eher selten. • Sie entwickelt selten eigene Spielideen.
1 = Tendenz der Mutter die Situation für sich selbst zu erfassen	Die Mutter zeigt eine Tendenz, das Geschenk und die Situation an sich zu reißen: • Sie packt das Geschenk überwiegend alleine aus. • Die Aussagen beziehen sich verstärkt auf die eigenen Interessen („Das gefällt mir").

	- Die Mutter zeigt nur selten Aussagen, die sich auf das Kind beziehen (z. B. „Gefällt dir das?“, „das machst du aber toll!“, „du willst den Zug umdrehen?“) - Die Aussagen beziehen sich häufiger neutral auf die Geschenke ohne einen Bezug auf das Kind (z. B. „ach, das ist ja toll, was ist denn dann das, ein tolles Auto“). - Die Mutter greift häufig in das Spiel und in die Interaktion des Kindes mit den Objekten ein. - Sie übernimmt häufiger die Initiative im Spiel - Sie steuert das Kind nach den eigenen Interessen

Kategorie II : Wer packt aus?	Die Kategorie II erfasst, wer das Geschenk auspackt.
5 = Kind alleine	Das Kind packt das Geschenk alleine aus (ohne jede Hilfe der Mutter).
4 = Überwiegend Kind	Das Kind packt das Geschenk überwiegend alleine aus. Die Mutter unterstützt das Kind beim Auspacken. Den wesentlichen Teil des Auspackens überlässt sie aber dem Kind.
3 = Gemeinsam	Mutter und Kind packen das Geschenk gemeinsam aus. Nur durch die gegenseitige Hilfe kann das Auspacken vollzogen werden.
2 = Überwiegend Mutter	Die Mutter packt das Geschenk überwiegend alleine aus. Das Kind kann dabei behilflich sein, es ist aber die Mutter, die das Auspacken überwiegend vornimmt.
1 = Mutter alleine	Die Mutter packt das Geschenk aus, ohne dass das Kind daran beteiligt ist.

Kategorie III: Wer initiiert die Beschäftigung mit dem Geschenk?	Die Beobachtungskategorie III erfasst, wer die Beschäftigung mit einem Geschenk initiiert. Beginnt das Kind das Geschenk von alleine auszupacken oder ist es die Mutter, die dem Kind vorschlägt, nun ein weiteres Geschenk auszupacken.
3 = Kind	Das Kind beginnt die Beschäftigung mit einem neuen Geschenk, ohne eine Aufforderung durch die Mutter.
2 = Gemeinsam	Mutter und Kind initiieren die Beschäftigung mit einem neuen Geschenk gemeinsam.
1 = Mutter	Die Mutter initiiert die Beschäftigung mit einem neuen Geschenk.